DEHORS,
IL FAIT BEAU… HÉLAS !

Patrick Sébastien

DEHORS,
IL FAIT BEAU… HÉLAS !

ÉDITIONS

ISBN : 978-2-36107-019-9

Je n'ai pas peur de la mort.

Je pense que ceux qui ont

peur de la mort sont ceux

qui ne la méritent pas.

Il faut mériter sa mort.

Édith PIAF.

INTRODUCTION

Juillet 2010… Dehors, il fait beau, hélas !

Un papillon multicolore s'est posé sur la baie vitrée. Il me regarde écrire.

— C'est toi, Maman ?

Je n'ai que de lointains souvenirs, pas très précis, de la mort de Maman, il y a vingt-neuf mois, sept jours, quatre heures et cinquante-deux minutes.

En fait, je n'y pense jamais… Jamais plus d'une heure par nuit.

Tu m'appelles en arrivant était, paraît-il, un beau livre. Enfin, c'est ce que la plupart en ont dit. Je parle évidemment de ceux qui l'ont lu. Les autres ont donné leur avis, bien entendu. C'est une tradition. Parler de ce qu'il ne connaît pas vraiment, en bien ou en mal, est devenu le passe-temps favori de l'homme d'aujourd'hui. Témoin professionnel, il s'appelle lui-même à la barre pour argumenter, défendre, attaquer et prononcer la sentence sans une véritable connaissance du dossier.

Toutefois, cette petite faille narcissique n'est qu'une goutte d'eau dans l'océan de bêtises, de turpitudes, de lâchetés, de perversités dont est capable l'être humain. Plus le temps passe et plus son aptitude au pire écrase son dévouement au meilleur.

Je supporte de plus en plus mal ce monde et ceux qui le peuplent. Moi, et quelques semblables, apôtres d'un humanisme absolu de plus en plus utopique, prêchons dans le désert. Et, en plus, ils y ont construit des derricks et Las Vegas. Des trônes pour l'argent roi. Alors, nous cherchons désespérément des traces d'amour, comme on traque les champignons d'automne. Il en subsiste quelques-unes, bien cachées, enfouies sous les feuilles des journaux à sensation, au pied des grands « arbres à came ». La drogue en barrette, en piqûre, voire en foot sur écran plat, le nouvel opium du peuple !

Au bout d'à peine quelques lignes, je me relis déjà, et je souris. Affligeant. Quoi qu'il en soit, je ne raturerai pas, je me le suis promis. Mais quand même ! D'entrée, ce coup de gueule démagogique et maladroit, c'est un truc à faire fuir même les aficionados. Reste quand même, ça va passer.

C'est vrai que j'aurais tant aimé avoir la verve d'un Cyrano pour hurler ça avec d'autres mots que ces métaphores forestières des plus hasardeuses. Mais, bon, je suis contrarié. Ça n'excuse rien, ça explique. De plus, pour en revenir à Cyrano, je n'en ai même pas le panache. Je tiens quand même à mon confort. Je fais partie de la caste de ces prétendus rebelles qui, en fait, ne sont que des ronchons. Protester, soit, contre ceux qui laissent mourir les gens de froid, mais assis bien au chaud. C'est sinistre. Un peu caricatural en ce qui me concerne, mais sinistre.

Je crois, hélas !, que je ne serai jusqu'à la fin de mes jours que le croisement insignifiant de Don Quichotte et de Petit Gibus, de *La Guerre des boutons*. Quoi de plus pitoyable que de combattre des moulins à vent avec une épée de bois et un bouclier en carton !

Comme tu peux le constater, ce matin, je ne m'aime pas beaucoup.

J'en suis même à penser qu'il eût été préférable qu'un autre spermatozoïde me coiffe au poteau, il y a cinquante-six ans et huit mois. Si j'aurais su, j'aurais pas venu ! La prochaine fois, je ne sortirai pas... Je resterai dans le placenta.

— Qu'est-ce qui t'arrive ? Ça va pas d'écrire ça ? Tu t'es levé du mauvais pied ? demande Maman, perchée sur mon épaule.

— Oh, non ! Un pied, c'est seulement quand on est jeune. Quand la vie est une course. Aujourd'hui, au réveil, je pose les deux par terre exactement en même temps. Je ne bondis plus. Je reste assis quelques instants sur le rebord du lit. J'ai couru, aimé des belles, fait des cascades dans mes rêves qui, hélas, vieillissent moins vite que moi. Il faut bien que je récupère. Alors, je respire un grand coup l'air rare de mes poumons enfumés, je prends appui sur mes cuisses, et je me lance mollement. La jeunesse est un sprint ; la vieillesse, un plongeon en eaux troubles… En attendant la noyade.

— Mais qu'est-ce que tu racontes ? Tu n'es pas si vieux que ça.

— Oh, que si ! Surtout depuis que de plus en plus de mes amis proches, nés après moi, ont l'indélicatesse de mourir avant moi. Je déteste qu'on me passe devant dans une file d'attente !

— Eh bien, dis donc, tu commences fort ! La résignation, le complexe de l'âge, l'autoflagellation. Même si tu en plaisantes, ça sent quand même la déprime.

— Non, Maman, tout juste une grosse contrariété… Parce qu'il fait beau et que je n'ai pas le droit d'aller au soleil.

— Mais tu es guéri.

— Oui, mais par précaution, tu sais bien…

Maman est là, toujours. En sentinelle. Sur mon épaule. Pour prévenir. Tournée vers l'arrière en cas de coup de poignard. Et puis vers l'avant le plus souvent pour m'expliquer la route.

Le GPS des anges.

Monte à l'arrière avec nous. On t'emmène. Je vais te raconter notre voyage depuis qu'elle est morte. Depuis qu'on a enfoui ses os, sa chair et son sourire dans le petit cimetière de Juillac où je ne vais jamais ou si peu. Je vais te raconter sa présence en moi. Réelle, puissante, essentielle. Pas seulement pour mettre du baume à tes propres cicatrices. Pas seulement pour te faire comprendre qu'il n'y a personne au paradis ou en enfer, puisque l'âme de ceux qui nous quittent se tatoue immédiatement à la nôtre. Pas seulement pour exhumer, de-ci de-là, d'autres souvenirs de notre histoire d'amour que j'avais oubliés dans le livre d'avant. Pas seulement pour témoigner des incroyables coïncidences qui me confortent dans la certitude que tous les chemins sont tracés d'avance.

Pas seulement pour le plaisir d'écrire.

Mais parce qu'il fait beau dehors, hélas !

Et qu'il faut bien que je m'occupe dedans.

Ce livre n'est destiné qu'à ceux qui ont apprécié le précédent. Les autres voyageront dans le coffre, avec les valises remplies de « synchronicités ».

— C'est quoi, une « synchronicité » ? demande Maman.

— Une rencontre fortuite, un croisement de dates, de noms, de lieux étrangement significatif. Une correspondance étonnante qui pose tout un tas de questions auxquelles, hélas ! aujourd'hui, personne n'a trouvé la réponse. On ne peut que la constater et éventuellement l'interpréter. Une « synchronicité » peut être prémonitoire. Elle peut être innocente. Ou dramatique. Ça a été le cas pour toi.

— En quelle occasion ?

— Quand tu es partie, le 22 novembre 2008.

— Et alors ?

— Je t'expliquerai plus loin. On a le temps, puisqu'il fait beau dehors…

Hélas !

J'ai décidé d'écrire pendant deux mois. Juillet, août. En diapos d'été. En instantané. À l'instant et à l'instinct, comme j'aime tant le faire. Sans préméditation. Et sans rature, comme je te l'ai confié. Plaisir d'humeur. Entre les murs de la villa de Cannes où je dois passer des « vacances », au milieu des pierres de mon antre de Martel dans le Lot, et au hasard de mes escales de saltimbanque d'été sur les scènes du Grand Sud. Tu me connais bien, maintenant. Hors de question de me poser ou de me reposer. Je n'existe qu'actif. Que je joue, que je chante ou que j'écrive, je ne tolère le transat qu'en pause, en aucun cas en incrustation.

— Quelle énergie ! me disent-ils. Tu ne t'arrêtes donc jamais ?

Si je m'arrête, je tombe. Mes chagrins, mes doutes et mes deuils m'ont fait toupie.

Alors, je tourne… Bien obligé.

Je ne sais pas où vont me mener ces lignes. Je vais laisser mes états d'âme faire locomotive, et les événements se chargeront de l'aiguillage. Il est possible que je déraille de temps en temps. Dans le politiquement incorrect, l'intimité impudique, l'excès de grossièreté ou l'idéalisme ingénu. Tu pourras raturer. Encore une fois, moi, je ne sais pas le faire.

Depuis *Tu m'appelles en arrivant*, je me suis noyé dans la suractivité. Pour cause de « toupie », comme je viens de te l'expliquer. Le théâtre, le sport, la radio, la télé, les chansons, l'engagement humaniste. Une vie publique qui me tient aussi lieu, hélas pour mes tout proches, de vie privée. La dernière nuit de Maman a été à deux doigts de m'euthanasier moi aussi. J'aurais pu rester à ce point mort. J'ai puisé au plus profond de moi pour enclencher la marche avant. J'ai redémarré en sursaut et en sursis, et j'ai foncé en prenant mes « clic » et mes « claques » ! C'est-à-dire que je me suis exposé de nouveau aux flashs de la célébrité (les clic), et que la bassesse d'une humanité incertaine m'a assené ses claques.

Il y a eu les soufflets quotidiens de tout un chacun. La routine. Et puis les grandes gifles inhérentes à ce que je suis ou tente d'être. Les coups tordus, les crasses, le mépris d'un milieu médiatique irrémédiablement pervers. Par coutume. Et puis, le naufrage du

DARD, sabordé par les flibustiers d'État. On y reviendra. L'éviction de RTL pour incompatibilité d'humains, on y reviendra aussi. Il y a eu également la radiation *sine die* de mon cher club de rugby de Brive par des quelconques en mal de paraître. Encore une fois, j'avais donné mon âme. Encore une fois, j'avais réussi ce que j'avais promis. Et, encore une fois, on m'a botté en touche sans égard ni reconnaissance.

On n'y reviendra pas !

On n'y reviendra plus !

Voilà pour les claques. Celles qui laissent des traces de doigts sur le cœur. Le reste n'a été que caresses. Celles de ma fille du bout de ses doigts de poupée sur mes joues de porc-épic du matin. Celles du vent de chez nous, là-bas, sur ma terre, quand j'embarque ma solitude en maîtresse pour faire l'amour aux pierres et aux arbres. Et puis celles, permanentes, des mains de Maman dans mes cheveux. Son souffle à mon oreille. Des caresses de plume pour adoucir mes tourments, et des caresses de corne pour fortifier la carapace dont son départ m'a paré afin de résister à tout. C'est te dire s'il faudra bien plus que des claques, si violentes soient-elles, pour me faire vaciller.

Lorsque j'évoque Maman, je ne regarde jamais vers le ciel. Pourquoi faudrait-il que l'âme de nos défunts se fraie un chemin entre les météorites et les satellites pour aller se nicher là-haut ? Et pourquoi Dieu assis sur un nuage ? Pour le point de vue ? Pour balancer des pianos sur George afin de se faire offrir des capsules de café gratos ? Ridicule. Comme ces footballeurs qui, après le but victorieux, se signent et envoient des baisers à la voûte céleste. Je ne sais pas si Dieu existe, mais si c'est le cas, il faut qu'il arrête de lire *L'Équipe* !

Le ciel n'est qu'horizon, réservoir d'eau, et déco à pin's étoilés. En aucun cas un dépôt d'âmes usagées. Nos absents ne nous quittent pas pour une pérégrination interplanétaire. Au contraire. Ils ne s'éloignent pas, ils se rapprochent, se nichent, se fondent, s'incrustent en nous. J'en suis certain. Et chaque jour qui passe, chaque épreuve à laquelle je résiste bien mieux depuis la mort de Maman, me conforte dans cette certitude.

Maman est tellement moins ailleurs depuis qu'elle n'est plus là.

Je suis elle et moi.

L'amour et la mort en alliage indestructible.

Le bouclier absolu.

Je n'aurai plus jamais peur.

Même de cette mort qui m'a frôlé de si près.

Je vais te raconter.

Mais on va parler de Lily avant.

Dehors, il fait beau… hélas !

Ma Lily.

Avec un seul « l ».

Surtout pas deux.

Pour éviter qu'elle ne s'envole trop vite.

POERAVA

Ça doit être ça… Oui, c'est sûrement ça… Chaque fois, je croyais que c'était celui-là. Chaque fois, je me suis dit : « C'est maintenant. » Et puis, il y en a eu tant d'autres.

La première fois que j'ai vu la mer, à Dieppe. Coincé entre Maman et son routier sympa dans la cabine brinquebalante d'un quinze tonnes bourré de bananes, dont j'avais entamé le chargement en clandestin. Fin des années cinquante. Lui et son « marcel » d'homme fort. Elle, en robe vichy. La couchette aux senteurs d'amour rauques. Et moi, bagage à main, accroché aux doigts d'elle. Le jeune homme et la mer et la mère. En haut d'une côte, elle était apparue au loin, d'un coup. Bleue, piquetée de voiliers blancs. Là, je m'étais dit : « C'est ça… Oui, c'est sûrement ça, le plus beau moment de ma vie ! »

Et puis, en septembre 1967, une autre mer. Marseillan-Plage, la Méditerranée des touristes *low cost.* Moulés au sable, Cathy et moi. Planqués dans les dunes, pour le premier orgasme, le vrai. Enfin la suite logique aux mains gauches solitaires. La carte de

France dans les draps tièdes zoomée sur ce petit point du Languedoc. L'amour en vrai. Le baiser avec la langue tout le long. Sans aucune des variantes acrobatiques, techniques ou perverses que l'expérience apporte en artifice. Simple, pur et inoubliable. Je me suis redressé, ensablé et moite, le sexe encore tendu (c'est beau, la jeunesse), et j'ai nargué l'immensité. Fier, fort, phare. « C'est ça… oui, c'est sûrement ça, le plus beau moment de ma vie ! »

Mai 1973. La mer toujours. Enfin, les océans. Les deux, Indien et Atlantique qui se marient à la pointe du cap de Bonne-Espérance. Là aussi, planté sur le dernier rocher de l'Afrique, je me suis dit : « C'est ça ! » Et puis, une première à l'Olympia avec Morgan et Ventura au premier rang… La naissance d'Olivier, mon second, en *live*… Un dîner aux chandelles avec « super canon » et les valses de Vienne en fond sonore… Trente-cinq mille personnes qui m'applaudissent à tout rompre quelque part sur une scène de saltimbanque… D'autres orgasmes, la pyramide de Chichén Itzá, le premier verre de château-d'Yquem, le dernier étage du World Trade Center, une coupe d'Europe posée au pied de mon lit, la première accolade de Frédéric Dard, le lodge au pied du Kilimandjaro, les gitans en écrin pour les soixante-dix ans de Maman… Un arc-en-ciel, un triomphe, une solitude… Chaque fois, je me suis dit : « Ça y est, c'est là… Y aura plus rien au-dessus ! »

Et puis, le 15 juillet 1990, le petit s'est envolé à moto sur la route de la Petite Camargue. Là, j'ai bien compris qu'il manquerait toujours quelque chose au « plus beau moment de ma vie ».

Cicatrices ?

Je n'ai pas de cicatrices...

Je suis une cicatrice.

C'est te dire comme je pressens que plus jamais il n'y aura de « plus beau moment de ma vie ». Comme nous tous, les grands brûlés, les défenestrés de la vie Nous tombons. En chute libre. Lourds. Pressés. Avec, bien entendu, une seule phrase en tête. L'inverse de celle du film *La Haine*. « Jusqu'ici, tout va mal... » Vivement le trottoir !

Et pourtant...

3 juillet 2010, au moment où je t'écris... La mer toujours. La Méditerranée de Cannes, à travers les volets de la villa d'été des *low cost* parvenus. Le « petit bout de gomme » a posé, pour la sieste, sa tête noire de cheveux buisson au creux de mon épaule. Elle a murmuré : « T'aime, papounet », avant de plonger dans ses rêves où les doudous dansent avec des poupées et des canards de piscine... C'est là... Cette fois, c'est sûr, c'est là, le meilleur moment de ma vie ! De toute façon, il me reste trop peu de temps.

Je fume trop.

Ma vie ne tient qu'à un philtre.

Il respire paisiblement, le « petit bout de gomme » à tout effacer. Même l'encre noire des faire-part de condoléances. Lily m'a envahi, soumis, dissous, moi, le vieux têtard têtu, trop gosse encore pour devenir grenouille, trop naïf pour devenir crapaud. Elle est venue du bout du monde pour m'accompagner au bout du mien. Et quand je pense que je m'étais juré de ne plus jamais tomber amoureux vraiment ! Le petit poids plume frisé au monoï a réussi à basculer la vieille bête. K.-O. au premier round, au premier areu, au premier râle. Et me voilà premier rôle. En haut de l'affiche. En tête de distribution. Le film est culte : *Le Corniaud.* Je me sens idiot, démesurément addict, sous influence, limite crétinisation infantile… Mais surtout, je me sens vivant, et ça, c'est vraiment ce qui pouvait m'arriver de plus inattendu.

— Tu vois, me souffle Maman, il y a toujours un après.

— Tu étais là ?

— Évidemment, ne me dis pas que tu as oublié que je suis toujours là.

— Franchement ?… Un peu, là. Tu m'en veux ?

— Bien sûr que non.

— Ça serait possible, tu as toujours été jalouse des femmes de ma vie.

— C'est vrai. Mais là, c'est pas pareil. Elle est si petite. Et puis, tu sais bien… les coïncidences.

— Je sais.

Lily Hinano Poerava, ma princesse des îles, ressemble comme deux gouttes d'eau à Maman petite. Goutte d'eau de mer ? Goutte d'eau de pluie ? Allez savoir. De là à penser que tout s'enchaîne, tout se régénère, tout se recrée, il n'y a qu'un pas. Un tout petit pas. Tu te souviens dans le livre d'avant, le premier de Lily que Nana m'a appris au téléphone au moment où Maman apparaissait sur la terrasse de la maison de Martel, épuisée, usée par la maladie, la démarche hésitante. À tout petits pas. Comme Lily. L'une arrivait, l'autre partait.

Une ressemblance, quelques pas, ça fait bien léger comme croisements qu'on pourrait supposer écrits, programmés, prémonitoires. Pour te convaincre de l'implacable règle des hasards, il faudrait bien plus que ça. Ça tombe bien, ma mémoire est pleine de ces « synchronicités ». On va commencer par une guirlande de coïncidences qui ne peut laisser indifférent même le plus cartésien d'entre vous.

Mais pour cela, il faut que je raconte l'histoire de Lily.

J'ai longtemps hésité. La peur de l'indécent, du déballage, de l'obscène. C'est vrai que je suis le premier à dénoncer les photos des adoptés à la une. Otages des campagnes de promotion, les voilà parachutés monnaie d'échange pour rançon de la gloire. Ils pendent au cou ou aux bras de stars, ou assimilées, en quête de papier glacé à n'importe quel prix. Et tant pis pour la suite, les dommages collatéraux, les séquelles, il faut qu'ils pendent. En greffons. Déracinés pour être replantés dans les champs de spots. Il paraît que c'est la part du rêve. Ça vous fait rêver, vous ? Sûrement, puisque ça s'achète. Moi, non.

Cette lumière artificielle n'est pas faite pour ces mômes-là. Je ne remets pas une seconde en doute l'amour sincère, la tendresse, l'attachement. Mais je ne me satisferai jamais de la surexposition. Mais, bon, c'est juste mon avis. Raconter nos petits bouts, les chanter, les peindre, bien sûr, mais les photocopier, les ronéotyper, franchement non ! Quelle différence entre raconter et montrer ? me lance à la figure le suspicieux en tout. La même qu'entre Saint-Exupéry et Marc Dorcel. Un petit prince, ça se respecte !

L'écriture fait exister le rêve, l'image le tue.

Notre petite princesse est née à une table de restaurant un soir d'août 2005. Cinq minutes avant, on n'y pensait même pas. Un dîner comme les autres, ma femme Nana et moi, au bout de quinze ans de partage. Quinze ans de « que nous deux », parce que la nature l'a voulu ainsi. Et puis là, sans préméditation, d'un coup :

— Et si on adoptait ?

Elle n'avait jamais voulu. On en parlait au hasard, comme ça, en souriant.

— Tu es déjà mon grand gosse, tu te rends compte, je n'aurais presque plus de temps pour toi.

Et pourtant, je la connaissais par cœur, sa blessure. Immense. Cette brûlure de ne pas pouvoir avoir d'enfant qui avait dû se coller à la mienne d'en avoir perdu un. Le secret de notre fusion certainement. Alors, adopter, oui, bien sûr, ça nous avait quelquefois effleurés, mais jamais convaincus. Et là, d'un coup, l'évidence. Comme si quelque part, là-bas, très loin, le destin avait choisi pour nous. D'ailleurs, pourquoi j'écris « comme si » ? J'en suis certain. « On » a décidé pour nous.

— Pourquoi ne dis-tu pas « Dieu » ? me glisse Maman, comme je m'y attendais.

— Parce que « on », je préfère. « On » n'a pas de bannière, pas de chef, pas d'exigence. Pas de génuflexion devant « on ». Pas de guerre au nom de « on ». « On », c'est le hasard, justement. Les coïncidences. Bien sûr qu'il y a quelque chose qui dessine, organise, met en scène. Mais ne me parle pas de « Dieu ». « Dieu » est un leurre, un prétexte. Ce sont les hommes qui ont créé « Dieu », pas le contraire. « Dieu » m'insupporte. C'est la Française des Jeux… Avec depuis des siècles le même slogan pour attraper les gogos : « Tous les gagnants ont tenté leur chance… » Tous les perdants aussi, hélas !

— Mon pauvre petit, tu blasphèmes encore, et d'une façon tellement primaire.

— Non, mais tu les a vus, après le tremblement de terre d'Haïti ! Dévastés, dépouillés, exterminés pour la énième fois, en souffrance, en désespoir, et tombant à genoux les mains jointes : « Merci, mon Dieu, de m'avoir épargné. »

— C'est bien ce que je disais. Primaire.

— On va pas encore s'engueuler. Tu sais très bien que tu ne me convaincras pas.

— Je sais. Tu es quoi déjà ?… Apostique ?

— Agnostique, Maman.

— Quoi qu'il en soit, et même si tu le refuses, c'est « Dieu » qui t'a envoyé ta petite fille et, au lieu de l'insulter, tu devrais l'en remercier.

— T'as raison, ça aurait été un garçon, j'aurais eu trop peur d'une avance sur fournitures pour les pervers de sacristie.

— Ça, c'est minable. Tu es sordide. Je ne te parle plus.

— D'accord, Maman, à tout à l'heure.

Je n'aime pas le mot « adoption ». C'est le même que pour une attitude, une ligne de conduite, un système de défense. Je préfère « accueil ». Ça sent plus le cadeau du destin et les bras ouverts. Encore une fois, ce n'était pas notre choix. C'est une décision qui s'est imposée malgré nous. Je reste persuadé qu'au moment précis où nous en avons parlé, le 29 août 2005 à Paris, loin, là-bas à Tahiti, quelque chose naissait entre le géniteur et la génitrice.

En rentrant à la maison, ce soir-là, Lily s'appelait déjà Lily. Vers trois heures du matin, seul, j'ai griffonné un croquis au dos d'une vieille enveloppe. Je te jure que c'est le portrait tout craché de la princesse d'aujourd'hui. J'ai toujours cette enveloppe sur laquelle j'ai tracé l'esquisse du petit bout de nous. C'était un courrier de la Fédération française de rugby, expédié le 11 septembre 2004...

Lily est née le 11 septembre 2007. En pleine Coupe du monde de rugby.

C'est ça, une « synchronicité ». En l'occurrence, là, il y en a deux.

L'adoption est un chemin de croix, peut-on entendre de-ci de-là. C'est exact. Et tant mieux. Il manquerait plus que ce soit facile, à la carte, programmé comme tout aujourd'hui. Chaque douleur, chaque attente, chaque doute est essentiel à la conviction. Une fois passé l'examen d'agrément et ses mille lenteurs administratives, la porte s'ouvre sur l'inconnu – pour faire sobre –, sur le « débrouillez-vous tout seuls ! » pour être plus réaliste. D'associations en organismes plus ou moins officiels, chacun peut s'orienter sur tout et n'importe quoi. On trouve sur le chemin des sincères, des escrocs, des marchands, des certitudes, des contradictions, tout ce qui hélas vient polluer cet acte d'amour de tentations de dérive. Avec ces questions récurrentes et bien plus douloureuses qu'on peut imaginer : « Quand ? » et « Où ? ». Sales points d'interrogation. Quand on pense qu'il suffit de coller les deux inversés tête à tête pour que cela forme un cœur !

C'est Denise qui les assemblera.

Denise est mon âme sœur. Mme Denise de *Vitriol menthe*. Grande prêtresse des nuits libertines, elle est d'abord mon amie, mon refuge, souvent mon guide. Il y a longtemps que Nana et moi l'avons adoptée, elle aussi. En maman poule. Bien loin des dévergondages et « sexeries » en tout genre. Un lien de famille, fort, pudique, sans le moindre soupçon de luxure. Parce qu'elle est unique. Prévenante, attentionnée, exceptionnellement lucide sur chaque détail de la nature humaine.

—J'ai un ami à Tahiti, un chirurgien, qui peut éventuellement vous aider à trouver une petite fille, nous a-t-elle proposé un soir de décembre 2006. Mais attention, l'adoption, là-bas, est très particulière… Tout à fait légale, mais particulière.

— Ça veut dire quoi ?

— D'habitude, on trouve les enfants à adopter dans des orphelinats. Là, les conditions de vie n'étant pas simples, et la démographie galopante, la génitrice décide avant l'accouchement d'abandonner son enfant à quelqu'un pour que son existence soit plus belle. Elle choisit la famille d'adoption. C'est souvent sa propre famille, proche ou lointaine. Parfois, elle décide de le laisser à des « Popahs ».

— Des quoi ?

— Des gens d'ailleurs… Qui ne sont pas tahitiens.

J'ai fait la moue.

— En fait, elle le donne plus qu'elle ne l'abandonne, ai-je lancé.

— Non, elle l'abandonne vraiment. Mais à ceux qui l'auront convaincue de leurs capacités à l'élever dans les meilleures conditions.

— Le confort ?

— Pas seulement… L'amour aussi.

— Et elle ne peut pas le reprendre ?

— Non, c'est une adoption plénière. Une fois que c'est fait, c'est fait. Elle a deux ans pour éventuellement changer d'avis, mais ça n'est jamais arrivé. C'est une culture, un usage.

— On a donc l'enfant dès la naissance, a murmuré Nana.

— Oui, et de plus, dans la tradition, le médecin accoucheur remet tout de suite l'enfant dans les bras de sa « mère », sans que la génitrice le touche.

— T'as raison, c'est particulier, ai-je appuyé à demi enthousiaste.

Denise a ajouté :

— Et surtout, il faudra aller passer un mois avec elle juste avant l'accouchement pour qu'elle apprenne à connaître ceux à qui elle laisse son enfant.

J'ai fait la grimace. D'abord parce que ma claustrophobie m'empêche de prendre le moindre avion. Alors, tu penses, quarante-huit heures de vol, aller-retour !

— Nana peut y aller seule, a tout de suite rassuré Denise.

Deuxième grimace. Silence. Réflexion.

— En fait, si j'ai bien compris, Nana peut aller là-bas pour rien. À tout moment, la génitrice peut décider de revenir sur sa décision.

— C'est le risque.

Les yeux de Nana brillaient. Jamais je ne lui avais connu ce regard-là. Louve. Toute une vie à espérer en vain que son ventre fleurisse, et là, à un coup d'ailes d'avion, une « tiaré » à arroser des milliers de gouttes d'amour en citerne depuis si longtemps.

Pendant presque deux ans, on avait tenté des approches un peu partout. En vain. Avec parfois des cruautés sordides. Comme ce jour où, excédée de ne pas avoir le moindre signe d'une demande au Brésil, Nana avait réussi à se procurer le téléphone du responsable des adoptions à l'ambassade locale. Elle avait eu droit à un cinglant : « Bien sûr que ça prend du temps, arrêtez de nous appeler. Si on trouve quelque chose, on vous préviendra, on n'est pas chez Ikea... » Et puis les propositions glauques sur Internet, balayées immédiatement d'un revers de cœur. Et le découragement. Cette lente résignation, lancinante, contre laquelle il fallait lutter chaque heure de chaque jour.

Chaque nuit, nous nous endormions un peu plus éloignés l'un de l'autre, comme pour laisser la place à Lily au cas où elle déciderait de venir rêver entre nous. Chaque coup de téléphone nous faisait sursauter. Chaque image d'enfant adopté nous renvoyait à notre solitude. Pas une douleur, juste un tourment. Une appréhension d'espoir déçu qui lamine bien plus qu'on ne l'imagine.

Jusqu'à ce que Denise...

En juillet 2007, elle nous a prévenus qu'une jeune fille allait accoucher bientôt et qu'elle était d'accord pour qu'on adopte son enfant. Bernard, l'ami chirurgien, après avoir longtemps hésité, vu le poids de la responsabilité, avait finalement tout mis en œuvre et il avait trouvé. L'attente avait enfin un nom, une identité, une histoire. On s'est mis à vivre au rythme des nouvelles de là-bas, redoutant chaque instant la fausse couche, le revirement.

Nana est partie seule, début août, chercher la « petite perle noire ». « Poerava », en tahitien, le surnom que lui a donné l'infirmière à la naissance. Denise l'a rejointe quelques jours plus tard. J'ai tout vécu de loin, par téléphone. Le meilleur... Et le pire surtout.

Le meilleur, c'était les nouvelles quotidiennes où Nana me peignait le tableau d'un Tahiti accueillant et hostile à la fois. Normal. On la voyait parfois comme « voleuse d'enfant ». La génitrice, par bonheur, la réconfortait chaque jour :

— N'aie pas peur, ce que j'ai décidé est décidé. Je ne reviendrai pas dessus. Maintenant que je te connais, je sais que Lily sera heureuse.

Il ne restait plus qu'à attendre. S'occuper de la jeune fille, la mettre dans les meilleures conditions possibles pour l'accouchement, la préserver, calmer les velléités d'insouciance de son jeune âge. Le 6 septembre, l'échéance était toute proche, le grand bonheur à portée de main. Et puis...

— Allô, Patrick.

— Oui, Nana. Tout va bien ?

Un immense silence…

— Non… Elle ne veut plus la donner.

Cinq jours avant l'accouchement. Après une vie d'espoir, deux ans d'attente, un mois de petits soins, de précautions. À quelques heures de l'aboutissement, tout s'écroulait.

Abominable.

— Je ne repartirai pas de là-bas sans un enfant, sanglotait-elle.

— Tu vas chercher ailleurs ?

Elle a laissé tomber le téléphone. C'est Denise qui a pris le relais.

— C'est horrible… On ne sait même pas pourquoi elle ne veut plus. On nous a interdit l'entrée de la clinique. Déjà, la nuit dernière, elle s'est enfuie, on l'a cherchée jusqu'au matin dans les pires recoins de Papeete.

Démolis. Assommés. Elles, désemparées au bout du monde. Et moi, à Paris, coupable de n'avoir pu surmonter ma phobie pour les soutenir au près. Dégoûté de moi. Impuissant. Le mot est à double sens. Comme si j'avais été incapable d'apporter ma semence pour donner la vie à notre rêve.

Nana a repris le téléphone.

— Je vais chercher ailleurs… Mais… Je ne sais pas pourquoi, je suis sûre que c'est cette Lily-là. Je lui ai parlé à travers le ventre… Ça ne peut pas être une autre.

Cette certitude m'a à peine rassuré. Mais, plus tard, elle m'apprendra que l'instinct maternel ne se conjugue pas en mois de grossesse. Ce n'est pas un héritage organique. C'est une fusion qui va bien au-delà. J'en connais tant, mères de sang, qui le sont si peu de cœur. Nana n'était pas fabriquée pour accoucher, mais « seulement » pour être maman. Et maman de Lily « seulement ». C'était écrit.

— Moi aussi, je savais que ce serait cette Lily-là, me murmure Maman.

— C'est vrai que lorsque je t'ai appris le refus de dernière minute, ça n'a pas eu l'air de t'inquiéter plus que ça.

— J'avais tant prié, que Dieu ne pouvait pas faire ça.

— Tu avais prié pour elle ?

— Pour toi, mon petit, pour toi… Tu sais, je sentais bien que le temps ne me laisserait plus beaucoup de temps. Alors, il fallait qu'elle arrive avant que je m'en aille. Pas question de t'abandonner une seule seconde sans un amour absolu à regarder dans les yeux, à prendre dans tes bras.

— Faut que je remercie qui alors : Dieu ou toi ?

— Tu n'as personne à remercier. Ce n'était pas un cadeau, c'est l'ordre des choses.

— Au-delà de ton âme qui m'a envahi, ça voudrait dire qu'elle serait un morceau de toi qui gambade en me tenant par la main en vrai ?

— Peut-être... Quoi qu'il en soit, quand tu prendras la route et qu'elle sera en âge de s'inquiéter, n'oublie jamais de l'appeler en arrivant.

Le 14 septembre 2007, à sept heures du matin, le téléphone de Nana a sonné. Un appel de la clinique Cardella. C'était la génitrice.

— Viens chercher Lily, elle est à toi. Je ne sais pas ce qui m'a pris. Je te demande pardon de t'avoir fait souffrir.

Nous n'avons jamais su les raisons exactes de ces deux revirements successifs. Un dernier test peut-être. Inhumain. D'une intense cruauté. Le poinçon de douleur indispensable aux grands bonheurs d'après.

Après, ça a été le retour. Roissy-Charles-de-Gaulle, et la véritable libération pour Nana au moment précis où le pilote a annoncé l'atterrissage. Comme si jusque-là tout était encore possible. Un enlèvement, une reprise…

« C'était un enfant chien, un enfant de poubelle,
Un petit presque rien, un mauvais coup du ciel.
Il était né là-bas, loin, dans des pays vieux,
Enfin, presque à deux pas pour un cœur de sept lieues.
Moi je me suis battu pour avoir ce mendiant,
J'ai signé des papiers pour qu'il porte mon nom,
Le voilà qui arrive, tout tordu, tout tremblant,
C'est un enfant qui naît du ventre d'un avion.

Et les vitres d'Orly se sont faites brouillard,
Je pleure pour un petit que je ne connais pas.
Qu'importe sa couleur, qu'importe son histoire
Moi je m'habituerai à son prénom bizarre ?
Dans quelques mètres à peine, il sera dans mes bras
Ne pas lui dire "je t'aime", il ne comprendrait pas.
Simplement lui sourire, le prendre par la main,
Juste lui demander : "Tu n'as pas un peu faim ?"

Ça y est, il est blotti, là, contre mon épaule
Et ses mains me caressent et son cœur cabriole.
Il redresse sa tête pour me regarder mieux
Dans ses yeux c'est la fête, je sais qu'il est heureux.

Il y a des enfants chiens dans ce monde poubelle
Des petits presque rien, des mauvais coups du ciel
Qui n'attendent que toi, qui n'attendent que nous
Pour embrasser nos vies et se pendre à nos cous. »

Poerava

J'ai écrit ce texte il y a plus de vingt ans pour Frédéric Dard, quand il a adopté son petit Abdel. Et le 3 octobre 2007, derrière les vitres de Roissy, je l'ai vécu.

Encore un « plus beau moment de ma vie ». Alors, ce texte, prémonition, hasard ? Ou simplement l'ordre des choses qui vient de temps en temps taquiner mon penchant mystique avec quelques similitudes anecdotiques ? Je ne peux pas répondre. À toi de juger.

Juge aussi de ça :

Quand Bernard, notre ami chirurgien, a décidé de nous aider dans notre démarche, il a chargé une infirmière de trouver une jeune fille ne souhaitant pas élever l'enfant qu'elle portait. Il y en avait plusieurs. C'est cette infirmière, une métropolitaine, qui a choisi. Elle ne savait pas que c'était pour moi, Patrick Sébastien, le mec de la télé. Je ne voulais ni faveur ni à l'inverse d'a priori négatif. Une fois qu'elle a eu choisi, Bernard lui a révélé mon identité. Elle s'est troublée et a juste murmuré, la gorge nouée :

— Le fils de Patrick Sébastien est mort le 15 juillet 1990 à La Grande-Motte, dans l'Hérault… J'ai un fils de dix-sept ans… Il est né le 15 juillet 1990 à La Grande-Motte, dans l'Hérault…

Ça, c'est une véritable « synchronicité » chargée de sens. Lesquels ? c'est à l'appréciation de chacun. Une contrepartie, une réincarnation, que sais-je ? Pour moi, un signe d'amour. Juste un signe d'amour universel. Le monde n'est pas si grand que ça, la mort bien peu éloignée de la naissance. Alors, il faut aimer, aimer… On a si peu de temps et d'espace.

J'allais oublier Carlos, le chanteur, qui m'a « sauvé la vie » le jour de la mort de mon petit. Incapable de faire le moindre pas, je lui avais demandé, au téléphone, de venir me remplacer pour le spectacle que je devais faire le soir sur la place du Grau-du-Roi.

Il m'avait répondu :

— Je peux venir, mais je ne viendrai pas. Si tu n'y vas pas toi, tu es mort. Ça va être abominable, mais il faut que tu montes sur scène et que tu les fasses rire de tout ton cœur. Tu vas leur donner de l'amour et c'est celui qu'ils vont te rendre qui te fera survivre.

J'ai survécu. Et je continue à survivre malgré.

L'infirmière de La Grande-Motte a été choisie par Bernard.

J'ai connu Bernard grâce à Denise.

Et qui a présenté Bernard à Denise ?

Carlos.

Évidemment.

Poerava

Un matin de janvier 2008, Nana m'a réveillé en posant Lily dans mes bras, sans un mot. Je l'ai embrassée et, en caressant ses petites jambes potelées, j'ai plaisanté :

— On dirait les mollets de Carlos !

— Il vient de mourir, m'a annoncé Nana, la gorge serrée.

Une dernière pirouette prémonitoire, histoire de boucler la boucle. La première phrase que j'ai prononcée au réveil, ce matin-là, était celle-ci. J'aurais pu dire n'importe quoi d'autre, mais j'ai dit ça. Aucune conclusion à en tirer. Un croisement fortuit de plus. Insignifiant. Mais quelque chose me dit que toutes ces perles qui s'enfilent pour faire un collier de vie avaient leur place réservée depuis toujours sur le fil qui les réunit.

« Voilà, ma Lily. Tu es notre fille parce que le destin l'a décidé. Nous ne t'avons pas choisie. Tu nous étais destinée. Ta maman et moi ne t'avons pas conçue, un soir d'étreinte furtive, en échange d'un plaisir de chair. Mieux, nous t'avons fabriquée à chaque seconde de notre vie en commun en ancrant notre amour au plus profond de ce qui nous attache. Tu es d'autant plus l'enfant de nous deux que son ventre n'a pas grossi. Nous avons perdu les eaux ensemble, à chaque larme versée dans le salon de l'aéroport de Roissy quand je t'ai découverte pour la première fois. Tu n'es ni de nous ni à nous. Tu es à toi. Nous ne sommes pas là pour tracer ton chemin, mais pour t'accompagner sur celui que le destin te choisira selon tes forces et tes failles, tes manques et tes capacités. Nous ne sommes pas là pour réaliser nos rêves à travers toi, mais pour que tu réalises les tiens à travers nous. Nous ne sommes pas là pour t'éclairer, mais pour t'aider à trouver ta propre lumière. Nous nous efforcerons d'être présents, justes et patients. Quand les parents sont sourds, les enfants ne les écoutent plus. Quand ils sont aveugles, ils ne les regardent plus. Quand ils sont absents, ils s'en vont. Nous te regarderons, nous t'écouterons et nous serons toujours là. Nous t'aimons bien plus que nous ne nous aimons l'un l'autre. Un plus un, ça fait deux. Un plus un, plus un, ça fait un. »

Lily est née un 11 septembre. Elle est arrivée en avion. C'est peut-être pour ça que j'aime tant ses bisous sur la « Bush ».

Il était temps que je plaisante un peu, j'allais pleurer.

De bonheur.

Il est seize heures. Le petit oiseau vient de se réveiller de la sieste. Ébouriffée. Les plumes en désordre. Elle vient se nicher un peu, me lâche un bisou au Nutella, et file à petits pas. En déséquilibre stable. Le pas de danse des bébés pressés.

À travers les rideaux, je la vois rapetisser au loin. Je soupire de soulagement. J'ai tellement eu peur de ne pas la voir grandir.

Il s'en est fallu de si peu.

LE SECRET D'AMANDINE

Août 2009, l'an dernier. Côte varoise.

« Obama est noir, il habite à la Maison Blanche. Sarkozy est blanc, il part en vacances au cap Nègre. » C'est la réflexion amusée que je me faisais en regardant, de la côte d'en face, la résidence d'été du tsar Nicolas Ier. Le repas au restaurant en compagnie de nos amis avait été délicieux. Je ne parle pas forcément de ce qu'il y avait dans l'assiette, mais de la qualité de ceux qui nous entouraient. Nous sommes donc repartis légers, Nana et moi, de Bormes-les-Mimosas, le cœur repu. Les festins d'amitié ont ceci de particulier qu'ils se digèrent d'autant plus aisément que le menu est riche. Des embrassades en entrée, des plaisanteries en hors-d'œuvre, des confidences en plat du jour, et en dessert la certitude de ne s'être trompé ni d'endroit ni de compagnie.

L'autoroute du retour défilait et comme d'habitude mon esprit commençait à échafauder des scénarios, des idées d'émission de télé, des bribes de chanson. Ceux qui savent mes cent mille kilomètres annuels me demandent toujours si la route ne m'use pas. Je leur réponds chaque fois : « Oh, que si, mais sans apostrophe ! » La route « muse ». Tout ce que je crée, tout ce que j'initie vient me percuter le cerveau en conduisant. Les beaux accidents de parcours !

J'entrecroisais donc les rimes pauvres d'une chanson festive, quand l'idée d'écrire un beau roman, mélo à souhait, a traversé devant moi. J'ai esquivé d'une légère embardée, pour revenir à mon air de fête. La soirée avait été joviale, triviale même, j'étais donc en parfaite condition pour fabriquer un de ces tubes inénarrables qui font ma « gloire » dans les banquets de famille. Mais cette envie soudaine de faire dans le beau, le profond, le sensible et le poignant m'a percuté de nouveau. Alors, j'ai laissé glisser.

Nana connaît par cœur mes silences automobiles. Elle sait que je voyage ailleurs et se garde bien de demander de m'y accompagner. Ce n'est qu'à l'arrivée qu'elle s'enquiert de la destination.

— T'as inventé quoi ?

— Une superbe histoire d'amour absolu. Ça ferait un film formidable. Je te raconte ?

— Bien sûr.

Le « bien sûr » couperet des accompagnateurs d'artistes. Un « bien sûr » de convenance, las, presque obligé, qui chaque fois plonge les créatifs dans une immense détresse. Un « bien sûr » tellement ordinaire en regard de l'enthousiasme excessif que nous avons tous, nous, les inventeurs de vent, quand nous brûlons de raconter la tempête que nous venons de traverser. Tous ceux qui créent la connaissent, cette frustration du premier déballage. Nous, habités, convaincus d'avoir trouvé « *the big phenomenal idea* », et les autres, indifférents, juste polis. Et c'est tellement normal. Qu'une statue soit élevée à la gloire de tous ces premiers témoins, obligés de subir les « c'est génial, tu vas voir ! », les « ça va faire un carton ! » À tous ceux-là, la plupart du temps, réveillés en plein premier sommeil et tenus d'exprimer un enthousiasme adéquat sous peine de se faire traiter de tout et même pire, je dédie cette petite diversion littéraire à titre de reconnaissance éternelle.

Après avoir raconté mon échafaudage de « roman sublime » à Nana, elle a sincèrement reconnu que l'histoire était magnifique. Elle m'a quand même demandé d'où pouvait me venir une idée pareille à la suite d'une soirée si tendre, si douce, si chaleureuse, si loin du drame larmoyant dont je lui avais dessiné les premiers contours.

S'il te plaît, Amandine. C'était le titre. Voici l'histoire.

Une maman, Sophie, explique à sa petite fille de quatre ans, Léa, que Frank, son papa, est parti pour un long voyage. Pour se remettre de l'abandon, elles partent toutes les deux dans un coin perdu de campagne. C'est un mas isolé dans les Cévennes où vit seule Amandine, la sœur du papa. Cette tante providentielle, la petite fille ne la connaît pas. La maman lui explique qu'elle et son papa étaient fâchés, et qu'aujourd'hui qu'il a déserté, elle est prête à les accueillir. Léa va faire la connaissance d'une tata gâteau, aimante, douce, qui chaque soir lui raconte une histoire. Mais, comme celle de Schéhérazade, dans les contes des *Mille et Une Nuits,* l'histoire ne finit jamais et Léa réclame la suite :

— S'il te plaît, Amandine.

— Non, demain, maintenant il faut dormir.

Et la petite fille s'endort les yeux pleins de rêves et la tête remplie de questions. Quelques minutes plus tard, dans la chambre du haut, Sophie et Amandine font l'amour. Intense. Passionné. Amandine est un homme. « Elle » s'est débarrassée de ses artifices de tata gâteau : les habits de femme, la perruque, les lunettes, les lentilles qui changent la couleur du regard, la masse de coton sur le ventre lui donnant un léger embonpoint.

Qui est Amandine ?

À ce stade du récit, Nana, qui connaît ma passion pour les polars a tenté de deviner :

— En fait, Sophie a supprimé son mari et, pour pouvoir vivre avec son amant au plus vite sans choquer la petite, elle a inventé ce stratagème.

Ah, la belle jouissance de l'auteur, qui aime tant être où on ne l'attend pas !

L'histoire est bien plus dramatique et bien moins perverse. Amandine, c'est Frank, le mari prétendument disparu. Un mois plus tôt, les médecins lui ont annoncé un verdict sans appel : cancer incurable. Alors, Frank, aide-soignant lui-même, a anticipé la chimiothérapie, l'avilissement, le crabe qui ronge, amaigrit, défigure, dépersonnalise. Imposer la vision de cette déchéance physique à Léa ? Jamais. Ne plus voir Léa, son bébé d'amour, jamais non plus. Alors, Frank a inventé Amandine, pour pouvoir profiter de Léa sans qu'elle le voie dépérir. Et Léa va s'attacher à Amandine. Et Amandine ne finira pas chaque soir l'histoire qu'elle invente au jour le jour pour se donner la force de tenir… Jusqu'à ce que… Mais arrêtons-nous là.

Je ne te raconterai pas la fin. On ne sait jamais. Je l'écrirai sûrement un jour, ce roman-là. Alors, il faut bien ménager le suspens. Je peux juste te dire que l'épilogue est encore plus beau…

Voilà. J'ai imaginé cette histoire en août 2009, cela fait tout juste un an au moment où j'écris à présent.

— C'est vrai qu'elle est belle, l'histoire, me souffle Maman.

— Tu as dû m'aider à la trouver ?

— Bien plus que ça, c'était mon deuxième avertissement. Malheureusement, tu ne l'as pas décrypté.

— Le deuxième ?

— Ben oui, le premier, c'était *Le Kangourou.*

— Comment ça, *Le Kangourou* ?… Attends, je cherche… Mais oui… Bon sang, mais c'est bien sûr, comme disait Bourrel… Je m'en aperçois juste à l'instant.

— Explique-leur.

— D'accord… Merci encore.

— De rien. Tu sais, mon petit, il y a une phrase que les parents ne devraient jamais dire à leurs enfants, et pourtant Dieu sait s'ils la leur rabâchent…

— Laquelle ?

— « Tu verras quand je ne serai plus là… » Parce que c'est leur plus gros mensonge. On est toujours là, même quand la mort, encore plus menteuse que nous, fait croire qu'on est parti.

Le Kangourou est une pièce de théâtre déjantée que j'ai écrite en décembre 2008, un mois après la disparition de Maman. Il fallait que je me lave de *Tu m'appelles en arrivant.* Il me fallait du léger, du drôle. Je traînais depuis longtemps l'idée de cette pièce interactive, où un patron macho et cynique devait trouver la femme de sa vie dans la salle. Des comédiennes parsemées çà et là, mêlées au public. La belle, la moche, les portes qui claquent, l'absurde, le décalage, je savais le rire garanti. Et ça a marché puisque nous l'avons déjà jouée plus de cent cinquante fois et que nous partons en tournée dans toute la France dès le mois de septembre prochain. Ce que je n'avais pas dans le fil de la pièce avant d'en commencer l'écriture, c'était le prétexte. Pourquoi ce patron devait-il organiser ce casting ?

— Je suppose que c'est ça, le premier avertissement, Maman ?

— Oui. Je l'avais remarqué, moi, ce grain de beauté sur ta poitrine qui commençait à s'étendre.

— Et c'est pour ça que tu m'as inspiré d'annoncer au héros de ma pièce qu'il n'avait que quelques mois à vivre à cause d'une maladie grave, et que c'était ça le prétexte à trouver au plus vite dans la salle une femme qui le rende heureux.

— Voilà.

— Une pièce de théâtre avec un personnage principal dont les jours sont comptés, une esquisse de roman avec la même condamnation, c'est vrai que j'aurais dû me poser la question : pourquoi cette obsession soudaine de la maladie grave ? Tu vois, ça ne m'a même pas traversé l'esprit.

— C'est pour ça que je t'ai envoyé le dernier avertissement, réplique Maman. Là, ça pressait.

— C'est vrai que c'était limite.

C'était il y a trois mois. À Martel, dans le Lot. Au cœur de mon antre. J'étais descendu seul pour le week-end. Après avoir regardé mon *Plus grand cabaret du monde* du mois, je suis parti en voiture vadrouiller comme d'habitude, histoire de trouver, comme tu le sais maintenant, un peu d'inspiration au détour d'un méandre des rives de ma belle Dordogne. Étrangement, *Amandine*, que j'avais rangé au dossier des projets en attente, a surgi quand je passais devant la petite église troglodyte de Gluges. Alors, vite, rentrer à la maison ! Me mettre à l'ordinateur et attaquer.

Avant de rejoindre mon repaire (tu sais, l'autre maison de la propriété d'Esclauzars, celle où j'écris), j'ai fait un détour par la grande maison d'en bas. Le « socle ». La chambre de Maman y est restée intacte. J'y « pèlerine » souvent. Je m'assois dans le fauteuil d'où je lui tenais la main avant le grand voyage. Ce soir-là, j'y suis resté une bonne demi-heure. Comme d'habitude, j'ai tout revécu. Même les odeurs de médicaments qui ont disparu depuis longtemps me sont remontées à la gorge.

Au début, je me suis dit que c'était à cause de ça, la nausée. Parce qu'à peine après avoir quitté la chambre, je me suis senti d'un coup affreusement barbouillé. Subitement faible, en sueur. Et puis d'intenses douleurs au ventre. J'ai réveillé tata Pépée, ma « sorcière bien-aimée ». Cette tante-là, tu l'as croisée dans le livre précédent. Elle est à demeure dans ma tanière. Elle est même devenue l'âme de la maison depuis la mort de Maman, sa petite sœur. Guérisseuse, protectrice, madone fermière d'une autre époque, elle connaît sur le bout de ses doigts qui enlèvent le feu les moindres maladies et leurs remèdes de campagne. Elle a diagnostiqué tout de suite une gastro-entérite sévère. Dans ces cas-là, pas besoin de toubib. Une automédication toute simple et la diète. Ça m'était souvent arrivé et, d'habitude, au bout d'une ou deux heures, le mal s'atténuait. Mais pas cette fois-là.

Vers six heures du matin, vidé, exsangue, j'ai dû me résoudre à appeler quand même le médecin tant les torsions abdominales et les vomissements étaient violents. Même ma « sorcière » ne comprenait pas. C'est la première fois que je revoyais l'homme de l'art depuis cette terrible nuit du 22 novembre 2008, où jusqu'au bout on avait accompagné Maman ensemble. Cette nuit de guerre où j'avais tenté de mes mains de finir ce qu'il n'avait ni le courage ni la permission de terminer.

À aucun moment nous n'avons évoqué le cauchemar déjà lointain. Une pudeur mutuelle sans doute. Il m'a confirmé le diagnostic de tata Pépée : gastro-entérite un peu plus sévère qu'à l'accoutumée. Étrangement, dès son entrée dans la pièce, les douleurs se sont tues. Comme si l'important était seulement qu'il soit venu. Pendant qu'il m'auscultait, torse nu, les souffrances ayant pratiquement disparu, on a plaisanté un peu. Et d'un coup son regard s'est fait un peu plus sombre.

— Il a toujours été comme ça, ce grain de beauté, là, à droite ?

— Euh… non, ai-je répondu, pas plus inquiet que ça… Maintenant que tu me le dis, j'ai l'impression qu'il a un peu grossi.

— Tu devrais quand même le montrer au plus vite à un spécialiste, il est un peu bizarre.

— C'est grave ?

— Pas forcément, mais ne perds pas de temps.

Alors, je n'ai pas perdu de temps. Dès le jeudi suivant, à Paris, je suis allé consulter. La dermatologue m'a quasiment contraint de me faire opérer la semaine suivante. Rien de véritablement alarmant, mais un gros doute. Peut-être un mélanome infiltrant.

— C'est quoi, ça ? ai-je demandé, plus agacé qu'inquiet au vu de mes obligations professionnelles archi-surbookées.

— Une saleté qu'il vaut mieux nettoyer avant qu'elle ne dégénère.

— Qu'elle ne dégénère en quoi ?

— En rien de bien grave, a-t-elle menti, mais autant en avoir le cœur net. On retire et on fait la biopsie, et ensuite on avisera. Mais ne vous mettez pas martel en tête.

Joli, le jeu de mots involontaire ! Martel. La chambre de Maman. Les nausées qui m'obligent à appeler le médecin... Etc. Etc. Si ce jour-là il n'était pas venu, j'aurais attendu... Et il ne fallait pas attendre.

— Merci, Maman !

— Tu sais, je te connais. Tu n'as jamais le temps de t'occuper de toi. Il faut bien que quelqu'un y pense à ta place... À propos, il va falloir que tu t'arrêtes aussi de fumer.

— Tu as un avertissement en réserve ?

— C'est possible... En tout cas, je connais une bonne raison.

— Laquelle ?

— Une petite fille qui aimerait bien que son papa la voie grandir.

— D'accord, j'y penserai.

— C'est ça... moi aussi.

Dehors, il fait beau, hélas !

C'était un cancer de la peau.

À quelques mois près, je ne m'en sortais pas. Il est guéri, mais je suis interdit de soleil. La cicatrice de dix centimètres sur la poitrine me renvoie en permanence aux nuits d'angoisse d'il y a trois mois à peine. Le message de la dermatologue sur mon répondeur était d'une concision et d'une maladresse parlantes : « On a eu les résultats de la biopsie, prenons un rendez-vous pour décider de la conduite à suivre. »

Il restera gravé à vie dans ma mémoire, le minuscule box de rangement de bandes-son, voisin du studio d'enregistrement où je travaillais à RTL. Je m'y étais isolé pour obtenir des précisions, le portable collé à la sueur froide de mes tempes.

— C'est quoi, ce message à la con ? ai-je assené, stupidement agressif.

— Écoutez, monsieur, il faut prendre un rendez-vous. Il y a des choses qu'on ne peut pas dire au téléphone.

— Mais c'est comme si vous me l'aviez dit…

— Euh…

— C'est cancéreux, c'est ça ?… Allez, lâchez-vous, je peux tout entendre, et surtout ne prenez pas de gants, c'est pire.

— D'accord. Effectivement, c'est cancéreux. Mais il faudra faire des examens pour savoir s'il y a des métastases. Si c'est le cas, c'est grave. Si par chance ça n'a pas diffusé, on refera juste une opération pour creuser un peu plus par sécurité, mais ce sera fini.

Elle n'y était pour rien, la gentille dermatologue, mais je me suis lâché sur elle. La nature humaine. Le premier venu fait punching-ball. C'est stupide, mais c'est toujours ainsi. Et puis, Maman a dû me souffler de me tenir droit. Je l'avais tellement vue, elle, ne jamais gémir, ne jamais se plaindre. Alors, je suis sorti du petit box le sourire aux lèvres. Guillaume Durand, qui attendait son tour pour participer à mon émission, m'a demandé :

— Ça va, Patrick ?

— Impeccable… Excuse-moi, j'étais au téléphone, je viens d'apprendre un truc. C'est quoi le signe astrologique, déjà ? Attends… Capricorne… Lion… Scorpion… Ah, oui, Cancer, c'est ça, ce que je viens d'apprendre… Cancer !

« Être ou paraître ? », telle est la question.

Alors, d'abord, pendant quatre heures, j'ai enregistré mes émissions comme si de rien n'était. Et ensuite, je me suis habillé d'humour. La panoplie antipeur. La cuirasse absolue. Je me suis raconté les blagues à deux balles sur le cancer, celles qui sont prétendues ne faire sourire que ceux qui ne l'ont pas :

C'est un toubib qui appelle un type au téléphone :

« J'ai deux nouvelles. Une mauvaise et une très mauvaise.

— Commencez par la mauvaise.

— Voilà, vous avez un cancer foudroyant. Quand j'ai découvert vos analyses, j'ai tout de suite compris qu'il ne vous restait que quarante-huit heures à vivre.

— Et la très mauvaise, c'est quoi ?

— J'essaie de vous joindre depuis deux jours ! »

Une autre pour la route ? Allez, une classique :

Le docteur : « Vous avez un cancer, il ne vous reste que deux mois à vivre. »

Le malade : « Je peux choisir juillet et août ? »

Une devinette pour finir : « Est-ce que Arafat est mort du cancer du côlon ? »

Et puis je suis rentré dîner à la maison. Dans un état second. Désynchronisé. Le corps dans la vie, la tête à la mort. Et je n'ai cessé de regarder Lily comme sur un quai de gare. En me disant qu'elle ne grandirait plus. Que je ne la verrais jamais m'attraper par le cou sans monter sur rien. Je me rassurais en pensant que je n'aurais pas non plus à haïr l'ado à cheveux gras qui viendrait me l'emporter pour l'inaugurer en même temps que son permis moto.

C'est une sensation bien étrange d'être condamné à mort « peut-être ». Suspendu entre deux onomatopées « Oh, putain ! » et « ouf ! » Le crabe aux pinces dort. Mais dort-il seulement en surface, ou s'est-il répandu ? Et si c'est le cas, combien de temps me reste-t-il ?

— Dis-moi vraiment, ai-je supplié mon ami toubib.

— Je peux te dire que, si ça n'a pas diffusé, tu n'auras aucun traitement et que ce sera fini, avec un minimum de chances de rechute.

— Et sinon ?

— Sinon… Euh…

— Allez… Dépêche-toi, j'ai des tas de dispositions à prendre. Faut que je prévienne Drucker pour qu'il ne se fasse pas piquer l'hommage par Sabatier… Allez.

— T'es vraiment trop con…, a-t-il souri.

— Alors ?

— Alors… ça peut aller très vite. Un mois… Deux peut-être.

J'ai répondu avec la voix de Coluche :

— Six mois, ça t'écorcherait la gueule... C'est moi qui meurs, merde !

Il n'a même pas souri. On ne peut vraiment compter sur personne !

Dans les jours qui ont suivi, le cauchemar n'a été que pour moi. Je l'ai dissimulé le mieux possible en m'imposant un sourire presque permanent et les épaules droites, le buste haut. Chaque fois que je voyais Lily, j'imaginais Amandine.

— Vous savez où sont rangées les lentilles de vue et les prothèses pour les déguisements ?

— Toi, tu nous prépares un nouveau *Grand Bluff*, s'enflammait mon assistant de production.

— Peut-être... mais, chut ! répondais-je, le plus souriant possible, c'est un secret.

Le Pet-scan est un appareil hyperpointu qui détecte la moindre lésion cancéreuse. Une heure d'injection, une demi-heure de scanner. Le temps d'un match. Pas de nul possible. Gagné ou perdu. Mes coéquipiers de salle d'attente étaient blafards, gris, en fin de processus, juste là pour les ultimes contrôles avant élimination. Tu parles d'une *dream team* !

Il a été magnifique, l'arbitre en blouse blanche, au moment du résultat.

—Je vais commencer par les bonnes nouvelles. Ça tombe bien, il n'y a que ça.

—Je le savais, m'a dit Maman, les larmes aux yeux, enfin, à mes yeux à moi. Mais c'était moins une.

— C'était limite, a repris le toubib en écho comme s'il l'avait entendue. Le troisième stade sur une échelle de cinq. Quelques dixièmes de millimètre de plus et ça touchait les vaisseaux. Heureusement que ça a été pris à temps. Mais tout juste. Vous avez de la chance ou un bon ange gardien.

Je ne dirai jamais à Lily : « Tu verras quand je ne serai plus là. »

Leur mort nous injecte l'âme de ceux qu'on aime.

Maman ne me quitte jamais.

Mon grain a disparu, sa beauté est restée.

« On » nous envoie tous les signaux pour nous amener à bon port.

À nous de les identifier.

Dehors, il fait beau, hélas !

Le docteur Khayat m'a certifié que ce que j'avais eu venait des coups de soleil de l'enfance. Je me souviens parfaitement de ces moissons de juillet, de ces cueillettes de pommes industrielles, tous ces travaux de pauvres dont on rentrait le dos écrevisse. On plongeait, pour calmer le feu, dans le ruisseau voisin. Nos barrages de terre et de bois de minicastors nous fabriquaient des profondeurs exceptionnelles d'au moins quatre-vingts centimètres. L'herbe piquait à travers les serviettes de table qui nous servaient de transat. Les vaches nous regardaient en coin, vexées qu'on leur emprunte leur graisse à traire.

Les heures passées à traquer les grillons à la paille au fond de leurs trous m'ont cramoisi les épaules. Les balades à vélo sans dérailleur en rêvant d'être Bahamontes m'ont enfilé des maillots à pois rouges sans maillot. Et puis surtout, oh, oui, surtout, il y avait le doux décollement de peau morte sur le dos des filles, deux jours après le premier coup de soleil. La drague en lambeaux, juste avant le premier baiser qui sentait la Royale mentholée.

C'est donc tout ça qui m'empêche aujourd'hui de profiter de la piscine de la belle villa de Cannes ? Y a une justice, quand même. C'est bien de grandir, mais pas trop.

Maman me prévenait toujours : « Va t'amuser, mais ne t'éloigne pas ! »

J'ai dû aller trop loin… Pas assez prêt.

Dehors, il fait beau, hélas !

C'est pas grave.

De toute façon, aujourd'hui, les filles ne pèlent plus.

Et puis, demain, je quitte Cannes pour quelques jours. Je vais abandonner l'écriture de ce livre le temps de revenir à la vraie vie. Celle où je suis clown. Je vais aller faire le saltimbanque sur des scènes de nuit. Les coups de soleil des projecteurs, j'y ai droit. Je vais aller aussi à Blagnac, au studio d'enregistrement pour y graver ma prochaine chanson de fête. Une italianerie intitulée *Grazie mille*. Au moment où tu me lis, tu dois peut-être déjà la connaître. Moi, je n'en ai pas encore accouché. Je sais juste que ça part d'une vieille mélodie connue qui me trotte dans la tête depuis longtemps. Je n'arrivais pas à mettre un nom dessus. Alors, j'ai demandé à Philippe Marfisi, mon « je sais tout en musique », s'il reconnaissait ce que je lui fredonnais.

— Bien sûr, m'a-t-il immédiatement répondu, c'est *La Violetera*.

La Violetera ! La musique du premier film que j'ai vu au petit cinéma de Juillac. Avec Maman, évidemment.

— Alors, tu vas aussi m'inspirer mes chansons ?

— Et pourquoi pas ? me répond Maman. Celle-là, je l'adorais. Et puis, dans le film, Raf Vallone était si beau, tu te rappelles ?

— Bien sûr que je m'en souviens. Tu m'y as emmené deux fois dans le petit cinéma de Juillac.

C'était la salle des fêtes. Elle servait aux bals, aux réunions électorales, et une fois par semaine, le vendredi, il y avait un grand film. *La Violetera*, c'est mon premier souvenir en couleurs sur grand écran. Peut-être que c'était du noir et blanc d'ailleurs, mais ma mémoire l'a imprimé en couleurs. Quand Maman m'emmenait avec elle, tout était en couleurs. Même les enterrements. Je ne me souviens que de ses yeux bleus. Un rouge-gorge peut-être, une mésange, mais surtout ses yeux. T'as jamais vu des larmes bleues, toi ? Moi si !

Ma nouvelle chanson, inspirée de *La Violetera*, terminera toute la prochaine saison *Le Plus Grand Cabaret du monde*. Encore un hasard, un croisement. Fortuit sûrement. L'air galopait dans ma tête depuis si longtemps. Je ne peux quand même pas classer ça au dossier des « synchronicités » étonnantes.

— Ah bon, sourit Maman. Et le deuxième film que je t'ai emmené voir non plus ?

— C'était quoi ?

— Tu ne te rappelles pas ?

— Non.

— Ça parlait d'un parc d'attractions où il y avait des numéros de cirque, des magiciens, des marionnettes, comme dans ton *Plus Grand Cabaret du monde.* Et, en plus, c'était un film de 1953, l'année de ta naissance.

— C'est vrai que, là, ça commence à faire sérieux comme coïncidence.

— Surtout quand je vais te rappeler le titre.

— Il s'appelait comment, ce film ?

— C'était un prénom… Un prénom tout simple.

— Lequel ?

— *Lily.*

COLOMBEY… UNE ÉGLISE

« Maman a été tuée par un grand homme politique. Avec la complicité d'un autre grand homme politique. L'arme du crime est inscrite sur leur pierre tombale ! »

— Mais qu'est-ce que tu racontes ? Tu es devenu fou ! s'écrie Maman.

— Mais non… C'est la bande-annonce.

— La quoi ?

— La bande-annonce du chapitre. L'accroche. Pour attiser la curiosité. Le mystère dont je ne donnerai la clé qu'à la fin. Le passage indispensable quand on veut susciter l'intérêt.

La bande-annonce, c'est la marque de notre nouveau siècle. Elle est partout. Dans le spectacle, le sport, et même la vie courante. À coup d'application vestimentaire, de soins esthétiques, de discours de façade, notre « paraître » est une bande-annonce permanente de nous-mêmes. Dents blanchies, implants, parfum envoûtant, verbe haut, assurance et conviction, le spot publicitaire étincelle. Le slogan clignote au néon : « Entrez, vous ne serez pas déçus ! » Après, il y a la réalité. Mais bon, l'essentiel est d'avoir attiré le client dans la boutique.

Dans le domaine politique, dont je vais abondamment parler dans ce chapitre, cette bande-annonce est même le fer de lance de toute action. Et qu'importe si le film n'est pas à la hauteur de l'espoir promis. La priorité est que le client achète le ticket. En l'occurrence, que son bulletin de vote plébiscite la meilleure mise en scène. Ça a toujours été le cas, depuis la nuit des temps. Mais, l'explosion des médias ayant amplifié le phénomène à l'extrême, l'art de la promesse est devenu l'atout numéro un de tout candidat au pouvoir. Et il faut bien reconnaître qu'à ce petit jeu, le maître incontesté est notre bon tsar Nicolas Ier. Chaque fois que Lily le voit à la télé, elle lance : « Petit… petit… petit… » C'est moi qui lui ai appris. Il faut bien rire un peu.

Sarkozy a commencé à régner sur la France en 2007, comme Lily sur ma vie. Seul point de ressemblance avec la taille. Et encore j'exagère. Lily est plus grande que la télé. Parce que c'est là qu'il vit, non ?

— Décidément, tu ne l'aimes pas, celui-là, me tance Maman.

— Ni plus ni moins que les autres.

— Quels autres ?

— Ceux qui ont fait de l'écran plat leur bac à sable. Tous ces politiques immatures de tous bords, sales gosses, qui à défaut de bons points collectionnent les images. Leur propre reflet maquillé, poudré et menteur. Le petit écran en guise de tableau d'honneur. « Regarde, maman, je passe à la télé ! » Tous ces mioches, morpions qui débattent à grands coups de « c'est celui qui dit qu'y est » et « tu vas voir ta gueule à la récré ». Enfants gâtés, gâteux parfois, ils squattent les plateaux télé pour une autoreconnaissance en trois D : Débattre, Démentir, Déblatérer... Moi je dis : Désespérant, Décourageant, Déplorable... Et encore, quand ils ne font pas la une des journaux d'info pour vol de sac de billes ou détournement de craie. Échec et Audimat. Quand je pense que de Gaulle payait son électricité à l'Élysée !

— Arrête ! Tu sais bien que je déteste quand tu parles de politique, me réprimande Maman.

— Je sais. Mais moi, je me déteste encore plus quand je n'en parle pas. Un artiste doit être engagé. Ceux qui fuient le sujet ne le font pas par conviction, mais par précaution.

— Ah bon ! Et pourquoi ?

— Pour ne pas se couper des acheteurs potentiels. Manquerait plus qu'un mot de travers leur fasse perdre des parts de marché. Je les connais bien, tu sais. Ceux-là, ce sont les pires. Les trois singes à eux seuls. Rien entendre, rien voir, rien dire. « Ah, mon public, mon cher public, comme je vous aime ! La politique ? Je ne m'exprimerai pas. Ce n'est pas mon rôle de donner mon avis. » Lâche, va ! Et menteur en plus. Parce que si tu l'aimais vraiment, ton « cher public »…

— Arrête ! me coupe Maman. Tu exagères…

— À peine… Et même si c'est une goutte d'eau dans l'océan, c'est un devoir de s'exprimer quand on nous donne la parole. Au nom de tous ceux qui ne l'ont pas. Qu'importe la teneur du discours, ses poncifs, ses maladresses. Quand on a la chance d'avoir une tribune, se taire relève de la non-assistance à personne en danger.

— Là, c'est trop.

— Non, Maman. Les silences ont fait bien plus de mal à l'humanité que les paroles. D'ailleurs, quand un régime veut asservir son peuple, il commence par emprisonner les artistes.

— On n'en est pas encore là.

— Bien sûr que non. On en est même très très loin. C'est bien pour ça. Tant qu'on peut en profiter, pourquoi se gêner ? Et puis, dix lignes dans un bouquin de saltimbanque, ça changera rien à l'histoire. C'est juste pour ma conscience. Quand la vieillesse m'aura éteint la voix et les micros, je ne veux surtout pas me dire : « Quand on m'écoutait, j'aurais dû… »

— Soit, admet Maman, mais ne t'emporte pas trop, mon petit.

— Promis... Mais c'était aussi ma colère du jour. Tu sais bien, parce qu'il fait beau dehors et que, depuis que je suis revenu à la villa, je ne peux toujours pas...

— Je sais. En revanche, c'est bien d'avoir cité le Général. Ça, c'était quelqu'un !

On est tous quelqu'un, mais certains le sont plus que d'autres. Maman a toujours admiré le Général. Je ne sais pas trop pourquoi, d'ailleurs. La stature peut-être, le prestige de l'uniforme. Je ne suis pas certain qu'elle ait eu de vraies certitudes politiques. Plutôt une empathie indéfinissable, comme la plupart d'entre nous, quand il s'agit de soutenir un homme politique.

— Ne me fais pas passer pour une imbécile, s'il te plaît ! s'énerve Maman. Indéfinissable, peut-être, mais « en partie », sûrement pas, je l'aimais complètement. J'aimais le Général parce que c'était un vrai président, et qu'il fallait bien qu'il y en ait un qui se dévoue pour sauver la France.

— Comme Laurent Blanc !

— Je ne sais pas de qui tu parles... Et puisque tu me soupçonnes d'être ignare en politique, sache que je n'ai jamais changé de convictions. Le Général était de droite et j'ai toujours été de droite.

C'est vrai que Maman était de droite. Ouvrière d'usine, serveuse, démunie, mais de droite. Généreuse, prête à tout partager avec plus pauvre qu'elle, mais de droite. Tolérante, amie des marginaux, mais de droite. Droite, gauche, est-ce que ça veut encore dire quelque chose ? Est-ce que, quand ils meurent, les gens de gauche passent l'arme à droite ? « Le cœur à gauche et le portefeuille à droite », entend-on souvent. Et le portefeuille à la place du cœur, c'est quel côté ? Les deux, mon général ! Revenons donc au Général.

Ça a été ma première imitation. Tiens, tiens ! Au milieu des années soixante, il était omniprésent, le grand Charles. D'abord dans les rancunes de village. L'après-guerre avait accouché de règlements de comptes auxquels je ne comprenais pas grand-chose. Ce n'est que bien plus tard que j'ai connu la signification des sigles qui envenimaient la petite vie quotidienne : FTP, FFI... D'un côté les communistes, de l'autre les gaullistes. Et au milieu, des suspicions, des vengeances tenaces, quelques cadavres aussi, paraît-il.

Et puis, il y a eu les larmes de Simone, la voisine, quand elle a appris que son fils ne reviendrait jamais d'Algérie. Un coup la paix, un coup la guerre. Et toujours, au milieu, le général « deux Gaules ». La France qui l'adulait et celle qui le haïssait. Simone est morte il y a tout juste un mois. Le soir où l'Algérie a été éliminée de la Coupe du monde de football. Au moment où quelques Algériens de France défonçaient les boutiques et brûlaient des voitures sur les Champs-Élysées.

Comme ça, par tradition. La télé n'en a pas beaucoup parlé, mais c'est normal, c'est la télé. Ce n'est pas une coïncidence. C'est l'ordre des choses. Le boomerang perpétuel. Et on n'a pas fini de le prendre dans la gueule. Ça commence seulement.

J'imitais de Gaulle donc. Fluet de voix, les bras larges ouverts, on me faisait monter sur les tables de mariage, de baptême et de communion. Les fêtes religieuses en guise de Star Ac'. C'est fou quand même, les bienfaits de la liturgie. Maman applaudissait à tout rompre son petit « ba-star » d'un soir. Et il y avait toujours une vieille punaise pour lui lancer :

— Il est doué, ton Patrick, on sait pas de qui il tient ça.

— Sûrement pas de ton mari... T'as vu ta gueule, c'est un vaccin. Il est immunisé contre l'amour à vie, ton bonhomme. La première fois qu'il t'est rentré dedans, ça a dû lui faire un choc thermique. Ses hormones ont pris peur. Ça doit être pour ça qu'il bande que d'une... Enfin, c'est ce que les chiens du village en disent !

Maman me tape sur l'épaule.

— J'ai jamais dit des horreurs pareilles.

— Je sais, Maman, mais je traduis en « moi ». Ce que tu pensais n'était pas très loin de ça, non ? La grossièreté en moins, évidemment.

— C'est vrai, avoue-t-elle.

Parce qu'ils lui en ont balancé, des tonnes d'insultes, à la fille mère qu'elle était ! Maman humiliée, Maman opprimée, mais Maman libérée. Debout. Salie mais insolente. Critiquée, rabaissée, maltraitée, mais fière de moi et d'elle. Sa liberté d'être en étendard. Alors, forcément, le transfert. De Gaulle, l'homme de la rébellion, l'homme de la résistance. Je crois que Maman était gaulliste parce qu'il fallait un père de substitution à son bâtard. Un père de rêve. Une icône. Un courageux, un autoritaire, un vengeur, un implacable. C'est de la psy élémentaire. À chaque génération, son idole de secours Aujourd'hui, les mères célibataires sont « cloonistes ». *What else !* On brille comme on peut. Quand nos lumières s'éteignent, il faut bien s'accrocher à une étoile.

Et puis Maman est devenue chiraquienne. Après Dieu le père, Dieu le fils aux initiales christiques : J. C. Entré en politique à trente-trois ans. En Corrèze, il y a même un village qui s'appelle Nazareth. Les similitudes s'arrêtent là. Pour les miracles, on attend toujours. Après le grand Charles, le grand Jacques. Logique implacable. Avec, en plus, pour Maman, la proximité départementale. Combien de fois lui ai-je entendu dire :

— Celui-là, j'aurais bien aimé.

Et d'ailleurs, qui sait si… ? Autant de Gaulle, ça restait du fantasme deux étoiles, autant le gringalet de Haute-Corrèze, ça aurait pu se faire. Parce qu'elle en a collé, des affiches, elle en a couru, des meetings, à l'époque ! Maman était militante UNR, tendance « mais qu'il est beau avec son clope au bec, sa chemise ouverte, et son sourire de carnassier ! » Elle ne se doutait pas que la superposition de sa nouvelle idole et du bâtard de son cœur irait bien plus loin.

Coïncidence encore, l'arrivée des deux Corréziens préférés de Maman à Paris au début des années soixante-dix. Lui, et moi. Pas ensemble, mais par le même Capitole. À la même gare. Celle des victoires, Austerlitz. Bon d'accord, lui déjà accompli, et moi inexistant, mais deux Rastignac quand même. En sabots de bouseux pareil. C'est du moins ce qu'en disaient nos accueillants du Paris qui brille. Les mêmes ambitions dans nos catégories respectives. Lui, devenir roi de France ; moi prince des bouffons. Il ne suffit pas d'y penser, il faut agir. On y croyait dur comme « faire ». Il était une foi !

Et finalement, au bout du conte, dans les années quatre-vingt-dix, « Bingo » ! Lui champion de France de politique, et moi champion de France de la télé. Même le titre est commun, *Le Grand Bluff*, record d'audience absolu. Raccord pour lui aussi, mystificateur de nature. Pas un professionnel de la profession n'aurait parié sur le « grand con sympathique ». Ni dans son milieu ni dans le mien. Le sourire avenant, les serrages de mains, la conviction populaire, limite populiste. Similitude de posture. Similitude de parcours.

Estime du peuple, mépris des élites. D'où la sympathie mutuelle évidemment, même si, lucidité oblige, je sais bien l'importance mineure de ma carrière de marchand de rêves en regard de la sienne d'entrepreneur en réalités. Tout ça nous a donc faits jumeaux de critiques. Toujours les mêmes : trop bon-vivant, pas suffisamment raffiné, un tantinet primaire. Du pain béni dans ces métiers où c'est le suffrage du peuple qui fait exister.

Je n'ai jamais été chiraquien. Je suis chiraquiste. La rime à humaniste. Au-delà des trajectoires jumelles que je viens d'évoquer, je garderai toujours le souvenir de son coup de téléphone du 16 juillet 1990, le lendemain de la disparition de mon petit.

J'avais reçu une avalanche de télégrammes, de messages de soutien, tous plus compassés les uns que les autres. Quand la réceptionniste de l'hôtel m'a annoncé la présence au bout du fil du maire de Paris, je me suis préparé une nouvelle fois à la solidarité émue d'un véritable ami. Ce fut bien plus que ça, et surtout bien plus abrupt.

— Allô, c'est Chirac.

— Merci de m'appeler.

— Comment ça va ?

— Ben, je résiste. Je m'accroche.

— Tu ne vas quand même pas te plaindre.

Le ton était doux et ferme en même temps. J'ai répondu, un peu surpris :

— Non, bien sûr, mais...

Il m'a coupé sèchement :

— Mais quoi ?... Tu sais que ça pourrait être bien pire.

J'avoue que je suis resté sans voix. Ce n'étaient pas les paroles réconfortantes d'usage. Presque un reproche. Il a enchaîné, la voix sûre :

— D'accord, la blessure est immense pour toi. Mais imagine s'il n'était pas mort et qu'il doive passer toute sa vie dans un fauteuil. Tu le vois, le cauchemar pour lui ?

J'étais toujours muet. Il a continué :

— Bien sûr, je devrais te dire que je compatis, que c'est un bien grand malheur. Mais est-ce qu'il est besoin de te le dire ? L'important, c'est que tu te tiennes debout. Pour toi. Pour tous ceux qui restent. Pour sa petite fille qui va arriver dans quelques mois. Alors, je te dis qu'il y a pire que pire. Et que ce pire-là, lui l'a évité. Ce n'est pas en les plaignant qu'on rend le plus service à ceux qui ont un genou à terre, c'est en les forçant à se relever.

Je n'oublierai jamais les paroles de cet homme. C'étaient exactement celles qu'il fallait me dire à ce moment précis. Les seules qui pouvaient m'être vraiment utiles. Et, crois-moi, pour oser les prononcer, il fallait un vrai courage. Merci, Jacques.

Et merci aussi pour les quelques moments d'après où nous avons partagé des joies simples de gâteau d'anniversaire. Merci pour ton humour, en toute occasion. Et surtout la première fois où l'on s'est retrouvés à l'Élysée après ton élection. En contemplant les lieux, j'ai lâché, narquois :

— Quel bel appart' !

Et tu m'as répondu, malicieux :

— Eh ouais… De particulier à particulier !

C'est pour toutes ces raisons que je suis resté fidèle à cet homme bien plus qu'à un idéal politique. De toute façon, la politique n'est jamais idéale. C'est la politique, avec ses faux-semblants, ses chausse-trappes, ses compromissions. Elle ne m'intéresse que de loin. Mais j'en parle là parce que…

— Parce qu'il fait beau dehors, je sais, me coupe Maman.

— Eh bien, justement, pas tant que ça.

— Faudrait savoir.

— Bien sûr, il y a du soleil, mais le pays est dans le brouillard. Il y a même de gros nuages qui s'amoncellent. Et tant pis si ça me fait du tort, et tant pis si ce n'est pas le lieu, mais j'ai envie de le dire. Maintenant. Je n'aime pas la Sarkozie, ses éclats de voix, ses opportunismes, ses manipulations, son rejet de tout ce qui est improductif. Même si ce type a un courage hors normes, même s'il se démultiplie, même s'il doit se battre chaque jour contre la connerie ambiante, même s'il doit lutter contre la déliquescence mondiale, les mentalités pourries, les fausses victimes, les vrais tordus, je te jure que, même s'il n'est pas ce qui pouvait nous arriver de pire, il n'est sûrement pas ce qui pouvait nous arriver de mieux… Le pire est que justement on n'a pas trouvé mieux, et que ce n'est surtout pas la gauche en carton qui se profile qui nous apportera l'éclaircie. Non, Maman, il ne fait pas beau. Ça sent l'orage. Et je ne veux pas que Lily sorte sous la pluie.

Voilà, je me suis lâché. En antisarkoziste primaire, mais raisonnable. Au risque d'irriter fortement ceux qui me lisent et qui le vénèrent. Tant pis. Tu sais bien que je ne raturerai rien. Mais quoi, j'avais envie de me payer un peu de hors-piste. De buissonnier. De hors-sujet. Bien loin des « synchronicités » promises.

Quoique ! Sans être analyste politique, j'ai le pressentiment que c'est Villepin qui a la clé du prochain scrutin. Je ne dis pas qu'il sera élu. Je dis qu'il fera basculer d'un côté ou de l'autre. C'est mon côté Elizabeth Tessier. Une prédiction à deux balles, que je m'empresserai de souligner si elle est exacte ou de minimiser si elle se révèle fausse. La correspondance est absolument subjective : Villepin est né le 14 novembre

1953. Comme moi, pile. Alors, forcément, je me dis que ça va être bientôt notre heure.

Comme tu peux le constater, pour moi, de Sarkozy à de Gaulle, il y a bien plus que des centimètres d'écart. Et puis Sarkozy n'a rien à voir avec le départ de Maman.

De Gaulle, si !

Une des premières onomatopées qu'a balbutiée Lily, c'est « de ole ». Traduis « de Gaulle ». Dans le jardin d'hiver du « socle », à Martel, il y a son portrait. Une reproduction extraordinaire de vérité du surdoué Jean-Pierre Blanchard – tu sais le peintre express du *Plus Grand Cabaret du monde.* Chaque fois qu'on amenait Lily voir Maman sur son lit de souffrance, il fallait d'abord aller voir « de ole ». Je n'ai pas capté le signal. Aujourd'hui seulement, je sais que c'en était un. J'ai raconté dans *Tu m'appelles en arrivant* la prémonition sur la date du décès de Maman. Je vais te la résumer parce qu'elle a une suite encore plus troublante

La fin de Maman étant programmée par les docteurs pour le mois de novembre, j'ai tout de suite pensé aux coïncidences éventuelles. De Gaulle est mort un 9 novembre, Kennedy, un 22, en 1963. Comme ces deux-là étaient les idoles absolues de Maman, j'ai donc eu la prémonition qu'elle allait partir soit le 9, soit le 22. Elle est partie le 22. Et lorsque j'ai évoqué que j'avais pressenti ce 22-là, on m'a fait remarquer que le 22 novembre 1963, date de l'assassinat de Dallas, c'était le jour où la télévision avait fait son apparition dans la maison. Un signe déjà troublant pour moi qui habite désormais dans le petit écran. La suite, encore plus étonnante, m'est arrivée par courrier un mois après la sortie du livre. Une lettre de lecteur. La clé du mystère de la bande-annonce du chapitre.

Elle était rédigée ainsi :

« Monsieur Patrick Sébastien, c'est avec une grande émotion que j'ai parcouru votre livre. Quelle magnifique histoire d'amour absolu. J'ai été particulièrement intéressé par le passage où vous évoquez les correspondances de dates. Permettez-moi quand même de vous signaler un fait troublant dont je m'étonne que vous ne l'ayez pas remarqué. Vous écrivez que vous vous êtes posé la question de savoir si la date de la disparition de votre Maman correspondrait à de Gaulle ou à Kennedy. Je suis surpris que vous n'ayez pas relevé que c'était LES DEUX. Kennedy est mort le 22 novembre, mais si vous aviez cherché, vous vous seriez aperçu que de Gaulle est né un 22 novembre. Le 22 novembre 1890. Et entre le 22 novembre 1890 et le 22 novembre 1963, il y a soixante-treize ans. Et soixante-treize ans, c'est l'âge auquel est morte votre Maman... »

Qu'est-ce que je peux ajouter à ça ? Sinon qu'avec un peu plus de curiosité, j'aurais pu déterminer à l'avance et avec exactitude la date du départ de Maman.

Et on en fait quoi de ces « synchronicités », que j'écris toujours entre guillemets vu que le mot n'est même pas dans le dictionnaire ?

Rien.

On constate seulement.

On constate et on guette… À tout « hasard ».

À ce stade de mon récit, d'un coup, je m'aperçois que les raisonnables, les scientifiques, les esprits forts ont dû décrocher depuis longtemps. Je les entends d'ici :

« Comment peut-on accorder le moindre intérêt à de telles divagations ? Comment peut-on se poser la moindre question existentielle à partir de recoupements aussi anodins ? Des croisements de dates, de lieux, de noms, supposés significatifs, c'est vraiment on ne peut plus infantile. Vous dites qu'on doit guetter, mais on guette quoi ? Si une pomme tombe d'un arbre le jour où on va prendre l'avion, pour être sûr d'éviter le crash ? Si le premier feu tricolore qu'on va trouver sur sa route est vert pour être certain qu'on a raison d'aller voter écolo ? Allons, allons, tout ça est profondément ridicule ! Dangereux même. C'est aiguiser la crédulité des esprits faibles. Imaginez quelqu'un ne conduire sa vie qu'en fonction de ces signes supposés. Ça peut faire de sacrés dégâts. »

Bien sûr que certains se disent ça. Ça ne me surprend pas. Quand j'évoque ces coïncidences en public, la plupart des gens s'étonnent, mais bien d'autres sourient avec indulgence. Ma croyance dans ce paranormal a même suscité, une fois, une réaction inattendue. Il y a une quinzaine d'années, quand j'avais proposé à ma chaîne une émission sur tous ces phénomènes de correspondances, on m'avait répondu sèchement : « Il est hors de question de faire croire aux gens qu'il existe autre chose que Dieu pour diriger nos destins ! »

— Ah, tu vois, c'est ce que je t'ai toujours dit ! ne peut s'empêcher de me souffler Maman.

— D'accord, mais on en parlera plus loin.

— Si tu veux, mais je serais plutôt d'accord avec ceux qui pensent que tout ça ne rime pas à grand-chose. De Gaulle, Kennedy, tout ça n'a pas vraiment d'importance. C'est vrai que c'étaient de grands hommes. Mes idoles. Que quelque chose, même inexplicable, ait pu me relier à eux m'aurait ravie. Ça aurait été un grand honneur, mon petit. Mais je suis désolée de te dire que, pour moi, c'est complètement idiot. Ils n'y sont pour rien. C'est la maladie de Vaquez qui m'a tuée. Et pourtant, celui-là, il n'est pas dans le dictionnaire.

Alors, soit, tout ça n'est sans doute qu'élucubration. D'autant que, pour certains, l'observation forcenée de ces phénomènes renvoie à des délires les plus improbables. Un acharné des coïncidences étranges m'avait fait remarquer que Mitterrand et Napoléon avaient les pyramides en commun (celle du Louvre et celles d'Égypte). Il avait noté aussi que Joséphine était née en Martinique au François, et que si, dans le calendrier, on compte cent jours après le 10 mai, on tombe sur la Sainte-Hélène (tu peux vérifier, tout est rigoureusement exact). En ajoutant que la photo du masque mortuaire de Napoléon ressemble trait pour trait au visage de Mitterrand en fin de vie, il en concluait que l'un était la réincarnation de l'autre. Comme tu peux le constater, c'est du grand n'importe quoi.

Il n'est pas question d'aller jusque-là, mais accorde-moi quand même le bénéfice du doute sur certains recoupements qui relèvent de faits réels, et non de je ne sais quel fantasme. Ce qui va suivre par exemple, et qui est une référence historique avérée. Plus que troublante. Je vais te laisser juger par toi-même. Elle concerne Kennedy, justement. Certains connaissent cette cascade de points étrangement communs liant son assassinat à celui d'Abraham Lincoln.

Pour ceux qui l'ignoreraient, en voici le détail :

Abraham Lincoln et John Kennedy ont été élus présidents des États-Unis à un siècle d'intervalle (1860, 1960). Ils seront assassinés, tous deux d'une balle derrière la tête en présence de leur femme, un vendredi.

John Wilkes Booth est l'assassin de Lincoln ; Lee Harvey Oswald, celui de Kennedy. Outre les quinze lettres qui composent le nom de chacun, ils ont le point commun d'être originaires du sud des États-Unis. Ils sont nés à un siècle d'intervalle (1839, 1939). La coïncidence n'a rien d'extraordinaire. Ce qui l'est un peu plus, c'est qu'ils seront abattus tous les deux avant d'être jugés.

Dans l'entourage proche des présidents abattus, on relève des similitudes troublantes. Mary Todd et Jackie Kennedy ont perdu chacune un enfant pendant leur séjour à la Maison Blanche. Lincoln avait un proche collaborateur nommé Kennedy, et Kennedy une assistante nommée Lincoln.

Prémonition commune, la collaboratrice de Lincoln lui avait recommandé de ne pas aller au théâtre dans lequel il s'est fait assassiner. Celle de Kennedy ne cessait de lui répéter qu'il n'était pas sage de se rendre à Dallas.

Pour boucler ce chapelet non exhaustif, on peut ajouter que les successeurs respectifs des présidents assassinés se nommaient tous les deux Johnson. Et même si ce dernier détail est insignifiant et bien plus anecdotique que mystérieux, la voiture dans laquelle Kennedy est mort à Dallas le 22 novembre 1963 était une Lincoln.

Alors, bien sûr, tout cela ne peut être que des points de rencontre tout à fait fortuits ne signifiant absolument rien. Encore une fois, je me contente d'observer. Je n'en tire aucune conclusion définitive. Le fil qui relie tout ça n'existe-t-il que dans l'imaginaire de quelques soupçonneux dont je fais partie ? C'est bien possible. Rien de concret, rien de scientifique n'est venu aujourd'hui démontrer la présence d'un quelconque « scénariste » qui ordonnerait tous ces événements. Les choses doivent-elles arriver ou arrivent-elles tout naturellement sans préméditation ? Question sans réponse pour l'instant. À moins que ce ne soit la question qui n'ait pas lieu d'être.

— Et nos rêves prémonitoires alors, qui les dessine ? me demande Maman, avec toujours son idée de Dieu derrière la tête.

— Je ne sais pas.

— J'espère en tout cas que ton cauchemar de la nuit dernière n'a pas ce sens-là.

— Je l'espère aussi.

J'ai passé la nuit à me faire poignarder par une femme dont je n'ai jamais vu le visage. Des centaines de coups et je ne mourais jamais. Mieux, à la fin, le corps tout hérissé de lames de couteau, je m'allongeais, souriant, sur la scène de mon *Plus Grand Cabaret du monde* sous les acclamations du public. Un numéro de fakir à couper le souffle. Tu parles d'un délire !

— C'est peut-être parce qu'on est le 13 juillet, a avancé Maman.

— Peut-être, ai-je répondu en écho.

Ça fera vingt ans demain que le petit s'est envolé. Les coups de poignard symbolisent sans doute ce mal lancinant qui me transperce depuis. Tous ceux qui ont perdu un enfant la connaissent bien, cette herse qui vient s'enfoncer en pleine poitrine. Surtout aux anniversaires et à Noël.

Demain, comme tous les ans, je vais aller « pèleriner » sur les lieux de l'accident.

Je te raconterai.

Il faut bien que j'en parle à quelqu'un.

Les psys sont hors de prix, et j'ai toujours pensé que les divans étaient faits pour l'amour, pas pour la mort.

PATRICK ET SÉBASTIEN

« Le vent s'épuise

Sur la remise

Où mon piano s'endort enfin

Après une nuit de chagrin.

Sous le parasol du feuillage,

Le vent feuillette page à page

Le livre de notre bonheur… »

Ce sont les premières paroles de ma chanson préférée de Serge Lama, écrite en 1968. L'année de ma rencontre avec Martine, la maman de Sébastien, mon premier. Deux ans avant le mariage. Cinq avant le divorce. Un beau divorce par consentement mutuel, sans armes et sans larmes.

Se souvenir des bons moments. De quelques-uns seulement, ce serait trop long.

La rencontre. Une paire de seins magnifiques et une blonde derrière qui se promène dans une rue de Brive. Mes quinze ans, ses dix-huit.

La première fois. Pathétique et ridicule. Allongés dans les herbes hautes. J'avais beau m'échiner, elle ne frissonnait même pas. Et pour cause, je n'étais pas dans elle, j'étais dans l'herbe. Je suis rentré à la maison le bout du sexe vert et pelé. Et pour cicatriser, sur les conseils de mon oncle ami, j'ai versé une bouteille d'eau de Cologne. À vif. Plus con, tu peux pas faire !

Notre mariage. Enceinte de sept mois. Et le lundi, l'école.

La naissance de Sébastien. Une nuit de décembre 1970. Et, le lendemain, l'école.

— Vous avez fait vos devoirs ?

— Pas eu le temps, ma femme a accouché cette nuit.

— Alors, vous viendrez quatre heures en retenue dimanche matin.

Plus con, tu peux pas imaginer non plus !

Son enfance. Épisodiquement. Moi, saltimbanque débutant. Le grand magasin, avec l'argent des premiers cachets.

— Achète ce que tu veux, mon bonhomme !

Il a choisi un truc en bois à deux balles. Leçon de vie.

Été 1985. Sébastien a quatorze ans. La première tournée comme éclairagiste avec moi. Bruel en première partie. Et les deux Patrick voient s'éloigner le gosse au bras de la superbe blonde qu'ils avaient draguée toute la soirée. Bravo, fils ! Me harponner une proie, déjà, c'était une perf', mais la souffler à Patriiiiick, chapeau bas !

Mai 1990. Lui et sa Brigitte, main dans la main, émus et anxieux.

— On a une nouvelle pour toi, Papa. Tu vas être grand-père en janvier prochain.

— J'aurais préféré que tu me dises que tu allais être père. Grand-père à trente-sept ans, ça plombe le moral.

Je serai grand-père. Il n'aura pas le temps d'être père. On l'appellera Marie pour lui.

Chaque 14 Juillet, un sublime feu d'artifice illumine la baie de Cannes. Nous le contemplons en famille d'amis du balcon de la villa de location. Cette année encore, je suis parti avant la fin, destination chagrin. Vers une petite bande de terre à trois cents kilomètres de là, sur la route de la Petite Camargue entre Montpellier et Le Grau-du-Roi. Là où la vie de mon fils et la mienne se sont arrêtées. Déjà vingt ans. Je vais pleurer un peu plus cette fois... Vingt ans, ça s'arrose !

Je hais les 14 Juillet.

Les 13 et 15 aussi d'ailleurs. Ce carrefour estival a toujours été pour moi le théâtre d'une avalanche d'accrocs de toutes sortes. Du plus bénin au plus grave. Des accidents, des contrariétés, des blessures, des ruptures. Depuis tout petit. Pour vous tous, le 14 Juillet, c'est le défilé, le bal, le feu d'artifice. Pour moi c'est la baston du 14 Juillet, la tentative de suicide du 14 Juillet, la fracture du 14 Juillet, etc. La liste est trop longue. Et évidemment, crétin que je suis, moi qui ne joue plus au casino, il a fallu que cette année j'y aille faire un tour. Nettoyé évidemment. Ce n'est qu'en sortant que je me suis rendu compte de la concordance néfaste de la date.

Je me giflerais, parfois !

Observe bien ta vie. Toi aussi, tu dois l'avoir, cette période maudite de quelques jours, peut-être quelques heures seulement dans l'année. Régulière, lancinante.

Où se trouve l'explication ? Je n'en ai aucune idée. Comme pour le reste, je constate seulement. Les astrologues évoquent les planètes, la course de la Lune. Peut-être. Si c'est une planète, autant que ce soit Mercure, je suis sûr qu'elle aura un hôtel. Tiens, je plaisante ! C'est que ça va mieux. Ouf !... Toujours est-il que ce triangle malfaisant 13-14-15 juillet, ce sont mes Bermudes à moi.

Il y a vingt ans, l'été 1990, il me semblait pourtant qu'il n'y avait que le soleil dans mon thème. Nous avions débuté une tournée en sillonnant les routes du Sud sur un podium devant lequel se pressaient chaque soir jusqu'à trente mille personnes enthousiastes. Comme d'habitude, il y a eu les signes avant-coureurs de la catastrophe, mais je ne les ai pas décryptés.

La chanson de l'été, c'était *Maldon* des Zouk Machine. Elles passaient en première partie du spectacle. C'est Sébastien qui les éclairait. Ce sera d'ailleurs la dernière chanson qu'il mettra en lumière. Il y a eu maldonne effectivement, mais j'avoue que c'était un indice bien mince pour anticiper le drame.

Le deuxième indice est bien plus expressif. J'avais trouvé un titre à cette tournée. Un jeu de mots, qui alliait l'année en cours et le contenu du spectacle. Cette pirouette publicitaire avait fait l'unanimité : « L'imitation 90 ». Reproduction à l'appui du panneau routier cerclé de rouge. Sale présage. Il y avait même une affiche à l'entrée de la route de la Petite Camargue, où le petit s'est envolé à plus de deux cents à l'heure.

Mais, en fait d'indice étrangement prémonitoire, il restera toujours dans ma mémoire le spectacle du 13 juillet à Orange. Le dernier avant la fracture. Le lendemain on faisait relâche. Une nuit et demie avant l'accident. Cet indice-là cogne toujours dans ma tête comme un ultime avertissement.

— Pour *Maldon* et « L'imitation 90 », je savais, me glisse Maman, mais c'est quoi, cet avertissement du 13 juillet ?

La scène était adossée au pied d'une sorte de falaise très élevée. Dès que j'ai commencé mon spectacle, j'ai vu les gens lever leurs regards vers le haut. Je ne comprenais pas pourquoi. Une fois la première chanson terminée, dans le silence qui suivait les applaudissements, j'ai distingué des cris. Enfin, plus une plainte que des cris. Du haut de la falaise descendait une voix. Une voix qui hurlait des mots qu'on ne comprenait pas. L'intonation était tragique. J'ai fait une pirouette d'artiste.

— Arrêtez de jouir là-haut, y a des gens qui bossent !

Le public, complice, a ri et applaudi. Et la plainte a continué longtemps. Jusqu'à la fin du spectacle. Comme la sono envoyait des vagues de décibels, la voix était couverte à chaque chanson. Pendant les sketches parlés, elle s'insinuait de nouveau. Quand, de temps en temps, je regagnais la coulisse pour un changement de costume, les techniciens me disaient que c'était un fou, ou une folle. Qu'on allait essayer de monter le ou la calmer, mais que ce n'était pas facile vu la relative inaccessibilité de l'endroit où il ou elle se trouvait.

Quand j'ai quitté le spectacle après les autographes de rigueur, j'ai demandé à Sébastien de me guider à moto jusqu'à l'autoroute. Il avait des copains dans la région et connaissait l'itinéraire mieux que moi. À la sortie de la ville, à un feu rouge, nous nous sommes garés côte à côte le temps que ça passe au vert.

— T'as une clope ? ai-je demandé. J'ai oublié d'en acheter.

Il m'a tendu son paquet de Marlboro.

— Il n'en reste qu'une.

— C'est pas grave, prends-la !

— Beau spectacle, non ?

— Ouais, a-t-il fait, réellement enthousiaste. Dommage qu'il y ait eu l'autre casse-couilles.

— C'était quoi à ton avis ?

— Je sais pas.

Et d'un coup, sous la visière du casque intégral, j'ai vu un grand sourire.

— C'était peut-être elle, lança-t-il en me montrant du doigt une vieille qui traversait devant nous. Elle avait envie que tu la sautes, alors elle t'appelait : « Patrick, Patrick, viens me choper ! »

Il a relevé la visière pour appeler :

— Eh, madame, il est là… Dans la voiture… C'est lui… Vous allez vous régaler, il est monté comme…

Je l'ai coupé en souriant.

— Arrête tes conneries !

Et il a démarré sur la roue arrière en éclatant de rire.

La vieille s'est immobilisée à dix centimètres de mon capot. Elle était habillée tout en noir. Le regard a été long. Intense et brûlant. Terrible. Elle a secoué la tête, a pointé son doigt vers moi en articulant une phrase que je n'ai pas entendue.

Le 15 au matin, quand j'ai appris la sale nouvelle, la première image qui s'est imprimée dans mes yeux a été celle-là : la petite vieille, le regard noir et le doigt pointé. La phrase sur ses lèvres d'un coup est devenue audible.

— C'est de ta faute.

Aujourd'hui, chaque fois que j'y repense, je suis sûr que c'était elle, là-haut, sur la falaise. Je suis sûr que ses cris voulaient me prévenir du drame à venir. Et je suis sûr que son doigt tendu était accusateur.

Je sens le bras de Maman s'enrouler autour de mon épaule.

— Mais non, mon petit, c'est pas de ta faute. C'est le choc et le chagrin qui t'ont fait croire ça.

— C'est possible. Alors, dans ce cas-là, peut-être que devant la voiture, elle questionnait, vexée de l'affront : « Ça te fait rire ? », c'est ça ? N'importe quoi d'autre. J'en sais rien. Les lèvres en tout cas, gravées à jamais dans ma mémoire, articulaient une phrase de ce genre.

C'est au téléphone, dans ma chambre du Novotel de Montpellier, le 15 juillet au petit matin, que j'ai appris la mort de Sébastien. Quand j'ai raccroché, mon corps pesait une tonne. Machinalement, je l'ai traîné à la fenêtre que j'ai ouverte en grand. Mon cœur frappait « enclume », je ne pouvais plus respirer. Je ne pleurais même pas. Au contraire, tout était atrocement sec. Ma bouche, mes yeux. J'ai regardé loin les voiles roses du soleil levant, et j'ai senti un regard sur moi. Trois étages plus bas, sur la pelouse, un chat noir était posé sur les pattes arrière. Immobile, les yeux plantés dans les miens. On est restés ainsi de longues minutes sans que ni l'un ni l'autre ne dévie le regard. Est-ce que l'image de la vieille s'est fondue en lui ? Je ne peux pas l'affirmer, mais j'ai l'horrible souvenir du même regard. La même intensité. Et surtout le même reproche : « C'est de ta faute. »

— Mais enfin, quelle faute ? me console encore Maman. Tu n'y es pour rien s'il roulait trop vite.

— Mais j'y étais pour quelque chose puisqu'il était là à ce moment-là.

— Comment ça ?

— Si je n'avais pas été Patrick Sébastien, artiste en tournée, il n'aurait pas été à cet endroit-là, à cet instant-là.

— Ça serait peut-être arrivé ailleurs.

— Mais c'est arrivé là… Et la vieille et le chat m'ont dit que c'était ma faute.

— C'est juste le désespoir qui te fait parler comme ça… Et c'est bien normal. Les gens qui te lisent doivent se dire que tu vas chercher des culpabilités où il n'y en a pas. Et que surtout le chagrin remplit nos cerveaux de certitudes tout à fait farfelues. Allez, ressaisis-toi. À mon avis, la vieille ne t'a pas dit « C'est de ta faute », elle t'a juste lancé : « Va te faire foutre ! » En mouvement de lèvres, ça fait pratiquement pareil. Et elle avait bien raison, il ne faut pas se moquer des personnes âgées. Quant au chat noir, si ça se trouve, il était gris et fixait un oiseau perché sur le balcon du dessus. C'est la faute de personne, mon petit. C'était écrit, c'est tout… Allez, range ton ordinateur, on va être en retard, il est déjà trois heures et si on veut y être à cinq heures, il faut avancer.

J'ai rangé l'ordinateur dans le coffre de ma voiture et j'ai quitté l'aire de repos entre Cannes et Aix-en-Provence où je m'étais arrêté pour écrire ce que tu viens de lire.

Maman m'a soufflé :

— Pense quand même à t'arrêter à la prochaine station-service. La panne d'essence ne fait pas encore partie de tes ennuis du triangle 13-14-15 juillet, c'est pas le moment d'inaugurer.

Je pense à Marie, la fille posthume de Sébastien. C'est aujourd'hui une grande fille blonde de dix-neuf ans qui vit dans le sud de la France, auprès de sa maman. On se voit et on se parle régulièrement. La pudeur et la précaution m'ont empêché d'évoquer cet anniversaire avec elle. Sera-t-elle à « l'endroit », tout à l'heure ? Même si j'aimerais partager ce pèlerinage avec elle, je me suis interdit de lui y donner un rendez-vous obligatoire. Et si le hasard nous y conduit, y serons-nous au même moment ?

J'en étais là de mes questions lorsqu'une jeune fille brune s'est approchée de moi à la station-service où, sur les conseils de Maman, je faisais le plein.

— Vous êtes bien Patrick Sébastien ?

— Oui.

— Vous pouvez me faire un autographe ?

— Bien sûr.

Et je me suis entendu dire, machinalement :

— Je mets : « Pour Marie. »

— Ça alors ! Mais comment vous avez deviné mon prénom ?

— Comme ça, une intuition, ai-je répondu en souriant.

Rien n'est fortuit.

Tout est écrit.

À présent, il est six heures dans ma chambre du Novotel de Montpellier (je « pèlerine » aussi à l'hôtel de l'époque). J'ai passé une heure sur les lieux de l'accident, à guetter je ne sais quel frisson de vent qui me confierait : « Je suis content que tu sois venu ! » Rien. Ou presque. Juste un paquet de Marlboro abandonné dans lequel il ne restait qu'une cigarette. Je l'ai allumée. Bougie d'anniversaire. Marie n'était pas là. Il n'y avait que Maman et moi.

Et depuis ce moment-là, elle m'engueule.

— Je ne t'engueule pas, je te sauve.

— En me disant qu'il ne faut plus jamais faire ce pèlerinage ?

— Parfaitement. Tu étais à deux doigts de te filer sous la première voiture qui passait. Et puis je ne veux plus que tu écrives tout ça, nos drames, tes blessures.

— Je vais écrire quoi alors ?

— Tu as vraiment besoin d'écrire ?

— Oh, oui.

— Alors, raconte-leur ce que tu veux, mais arrête de te vautrer dans tes cicatrices !

— Tu parles comme ceux qui ne m'aiment pas.

— Oh ! que si, je t'aime… C'est bien pour ça. Je comprends que tu aies besoin d'évacuer, mais il ne faut plus que tu remâches tout ça. Tout ce passé qui fait mal. Et puis je ne suis pas certaine que tes lecteurs se passionnent pour ces douleurs qui ne concernent que toi.

— J'écris aussi pour eux. Ce sont aussi leurs blessures que j'évoque, ça peut les aider à se sentir moins seuls. Ils se reconnaissent. J'en ai rencontré plein qui m'ont avoué que ça leur faisait du bien.

— Alors, fais ce que tu veux, mais si tu continues comme ça, ce sera sans moi. Ta bâtardise, tes deuils, tes chagrins d'amour, ton cancer, ça me soûle. Moi, je t'aime vivant, tu entends, vivant. Et c'est bien normal. Je t'aime lumineux, drôle, insolent, espiègle. En fait, je t'aime petit. Et là, tu es trop grand. Imbécile comme tous les adultes. Il y a eu des orages, d'accord. Mais pourquoi tremper ta plume dans la boue ? Trempe-la dans l'arc-en-ciel. Ça, ça leur rendra vraiment service, à tes lecteurs. Montre-leur que la vie est toujours devant. Que l'apitoiement sur soi est le pire des renoncements.

— Alors, c'est aussi la fin de nous deux ?

— Pourquoi ?

— Parce que ce dialogue entre nous, il vient bien de ce passé qui fait mal, du manque de toi.

— Décidément, il faut tout t'expliquer… Je ne suis pas le passé, je suis le présent. Le passé, c'est ce qui repose au petit cimetière de Juillac. Ça, c'est définitivement enfoui. Moi, je suis bien là, à chaque instant. Plus présente que ça, c'est pas possible. Franchement, après tout ce que je viens de te dire, tu ne te sens pas mieux ?

— Si.

— Alors, dis-toi qu'aujourd'hui, 15 juillet 2010, je t'accouche une deuxième fois. Encore plus solide, encore plus fort. De retour au pays des vivants. Et puis, au passage, profites-en aussi pour arrêter tes combats stupides pour un monde meilleur. Cette saleté de planète est ce qu'elle est, et tu n'y changeras rien. Garde tes valeurs, tes convictions, mais ne les étale plus comme tu te complais à le faire depuis quelque temps.

— Tu veux parler du DARD ?

— Entre autres, oui.

— Je voulais justement l'évoquer dans le prochain chapitre.

— Fais-le, mais sans grandiloquence et sans sentence. Le verbe « espérer » s'écrit avec un accent aigu, pas un accent grave. Tu sais, dans cette affaire-là, je n'ai pas voulu m'en mêler, j'ai juste attendu que tu te rendes compte par toi-même.

— Mais c'étaient nos valeurs que je défendais.

— Oui, mais c'était pas la bonne méthode.

— Je m'en expliquerai.

— Ça t'aura au moins enseigné une chose.

— Laquelle ?

— Que les salopards de l'année prochaine sont déjà arrivés !

— Oh ! Quelle grossièreté !

— C'est pas désagréable de temps en temps, surtout quand c'est justifié. Et puis ça te donne le ton de la suite.

— On va dire des gros mots ?

— On racontera aussi des tendresses, des câlins, des caprices. On aura des colères, on tapera du pied. On boudera, on ira au coin. On dessinera aussi les étoiles du cirque. Un roman de gosse.

— On repart comme ça, alors ?

— On repart comme ça.

— J'aurai quand même droit aux « synchronicités » ?

— Si elles ne sont pas trop lourdes, oui.

— Je peux quand même en raconter une dernière, étrange et dramatique…

— Une dernière, promis ?

— Promis.

Il manquait un vers à la chanson de Serge Lama au début du chapitre.

Une rime à « livre de notre bonheur »…

Ce vers, c'était aussi le titre de la chanson : « Le 15 juillet à cinq heures. »

Dès 1970, année de naissance de Sébastien, cette chanson, c'était ma préférée dans le répertoire de Serge.

Mon petit est parti précisément à cette date-là et à cette heure-là, en 1990.

FRÉDÉRIC ET JEAN

Dehors, il fait beau.

Tant mieux.

Lily patauge dans la piscine. Double brassard, triple bouée. C'est plus de la précaution, c'est du gardiennage. Je vais peut-être commander les gardes-côtes ! J'ai retrouvé mon bonbon frisé plus monoï que jamais.

— Plus bobo, papounet ? ont été ses premiers mots.

Elle parlait bien entendu de la cicatrice sur la poitrine qui s'estompe.

Encore que. Va savoir ! J'ai retrouvé un vrai sourire.

J'ai retrouvé aussi ma petite chambre à l'écart où j'écris au frais. Tranquille. Enfin, aux aguets quand même. L'année dernière, en pleine nuit, les cambrioleurs sont entrés pendant qu'on dormait. Ils n'ont plus peur de rien. Entre potes, on appelle ça la délinquance « Clara Morgane ». On peut s'introduire à n'importe quelle heure du jour et de la nuit. De toute façon, qu'est-ce qu'ils risquent ? Qu'on les mette au coin, comme Lily quand elle ne veut pas prêter ses jouets. Avec le sermon traditionnel : « C'est pas bien. Oh là là, que c'est vilain ! On recommencera plus, hein ? »

Quelle société tordue ! Des bien-pensants qui pardonnent tout, même l'impardonnable, aux mal-pensants qui condamnent sous prétexte ethnique, notre bel hexagone est devenu un puzzle « inemboîtable ». Racaille, pas racaille. Sévérité, indulgence. Excuses, prétextes. La gauche maladroite autant que la droite est gauche. Humanisme, réalité. Chacun son idée, chacun sa solution. Chacun pour sa gueule. Et le tout-électoral qui compose, manipule et finalement abdique. J'en hurlerais. Mais ça ne sert à rien. Je me contente de mes envies d'Audiard. Écrire… Seulement écrire pour le plaisir de.

— Je peux, Maman ?

— Si ça te défoule.

— Oh, que oui ! Tiens, imagine ce que je vais écrire, dit par Gabin.

— Ça aussi, c'était quelqu'un !

— Je veux, oui ! Allez, concentre-toi. Lis et tend l'oreille… Je viens peut-être d'inventer la littérature sonore.

« Les brodeurs de faits divers ne font plus dans la dentelle de Bruges. Missile antichar et Kalachnikov, l'attaque de flouze est passée à l'ère industrielle. Ce qui me chagrine, c'est la disproportion. Une voiture bélier pour un malheureux carré Hermès, c'est comme offrir une croisière à une pute, quand un kir champagne suffirait. Ah, la belle nostalgie du bas filé sur la tronche et du faux pistolet de Kit Carson pour braquer la succursale de la Caisse d'Épargne de Ploudalmézeau ! Avec, souvent, un pactole surprise. Le Breton a toujours été économe. Presque autant que l'Auvergnat. On ne sait jamais, la pénurie d'artichauts pour cause de mauvaise tempête peut ruiner la Bigouden et pousser à la malfaisance.

« N'empêche que la surenchère des armes lourdes est significative de la précarité ambiante. La recrudescence du tabassage pour une poignée de nèfles aussi. Aujourd'hui, tu peux te faire dézinguer pour une Swatch. Et qui retarde en plus. Alors, on s'indigne bien sûr, on crie à la déliquescence, au foutage de camp des valeurs de base. Attaquer une vieille dame, c'est plus de l'indigne, c'est de l'ordinaire. Mais faut dire que le spectacle de la racaillerie d'État donnerait des envies de carambouille même au plus intègre. Pas sûr qu'au vu des faisanderies présidentielles et ministérielles, l'abbé Pierre, s'il ressuscitait, ne demanderait pas aux compagnons d'Emmaüs de se monter en SARL : “Bande à Bonnot and co.”

« Quand on voit comment les filous de l'hémicycle se font le train de vie en diamant brut sur le dos du pékin qui marne à la dure, on ne peut qu'avoir de l'indulgence pour les voleurs de scooters. Et pourquoi ils se gêneraient ? Tu crois que ça leur fait quoi, toi, aux nécessiteux, la photo du Tsar fraîchement élu sur le yacht de son pote ? Que ça leur donne envie de bosser quinze ans pour se payer un Zodiac en solde chez Décathlon, et la poupée gonflable qui va avec ? Non, bien sûr, ça aurait plutôt tendance à leur agacer le malhonnête. Alors, tout le monde fait plus ou moins dans la grivèlerie. Ça va du vol de portable pour les moins ambitieux à la rafle géante estampillée Kerviel pour les plus aboutis. Récemment, on en a même pris quelques-uns à ponctionner de la vieille de luxe parce qu'elle le valait bien.

« Pourquoi veux-tu que la société file du bon coton ? Les Panurges tondent les moutons pour se tisser des boléros cachemire en loucedé. Alors, forcément, le bêlant se les gèle. Et pour être au chaud, il chaparde. Principe d'Archimède (le clochard) : "Tout corps plongé dans la merde noire pousse de bas en haut juste pour sortir la tête et respirer un peu." Et je ne compte pas, à titre d'exemplarité, les salaires d'émir des manchots qui jouent à la baballe sur la banquise du pôle foot. Surtout les nôtres. Les révoltés du "Bounty". Je parle de la barre chocolatée. Celles dont on prive les gosses mal élevés. Incultes et prétentieux, le cerveau dans les mollets et le génie dans les ischio-jambiers, ça baise de la blonde décolorée, ça sourit même pas aux gosses qui les vénèrent, ça conférence devant des micros estampillés par leurs sponsors du jour pour se plaindre que tout ça c'est la faute à la presse. Et ça fait grève en plus. Jaurès doit faire des loopings dans sa tombe ! Voilà pour le tableau. La prochaine fois, je te parlerai du cadre. »

— Merci, m'sieur Jean.

— De rien, mon p'tit gars. Continue d'écrire, et si tu as besoin de moi, tu peux me rappeler.

— J'oserais pas, j'aurais peur de vous déranger.

— C'est à moi que ça fait plaisir... Tu sais, l'éternité, c'est long. Faut bien se distraire. D'ailleurs, si tu le permets, j'inviterais bien ta maman à faire une petite valse dans mes bras. Attention, je n'exige pas, je propose.

— Cette nuit alors, à la fin du chapitre, d'accord, Maman ?

— Avec plaisir, mon petit, j'en ai toujours rêvé... Tu vas parler du DARD maintenant ?

— Oui.

— Est-ce que je peux demander à M. Gabin de rester ? Je suis sûre qu'il aura un avis intéressant.

— Bien sûr.

J'ai créé le DARD le 24 mars 2010, je l'ai dissous en juin. En pleine Coupe du monde de foot. Normal, DARD, ça voulait dire : « Droit à renvoyer Domenech. »

Mais non, bien sûr.. Ça voulait dire : « Droit au respect et à la dignité. »

Un coup de sang.

Un coup de cœur.

Un coup d'épée dans l'eau.

Je regrette d'avoir échoué, je ne regretterai jamais d'avoir essayé. D'avoir tenté de réchauffer les moutons avec un mouvement humaniste, hors des partis politiques. D'avoir hurlé qu'il fallait rendre à chacun la considération à laquelle il a droit, sous peine d'explosion imminente. D'avoir martelé que le pouvoir de l'amour doit être plus fort que l'amour du pouvoir. D'avoir poussé à la révolte plus qu'à la révolution, parce que la première éclaire ce qu'éteint toujours la seconde.

— Ce n'est pas parce que tu as arrêté que c'est un échec, tente de me consoler Maman. Regarde, entre le fiasco de l'équipe de France et les malversations mises au jour des élus, on n'a jamais autant parlé de respect et de dignité. Les propositions que faisait le DARD (baisse du train de vie de l'État, réglementation plus drastique des frais de banque, humanisation de tous services, entre autres), sont à l'ordre du jour. Ça prouve que tu étais dans le vrai.

— Ah, mais, j'y suis encore, dans le vrai. J'ai même raison sur tout. Reste à savoir le temps que ça prendra. Parce que j'ai au moins une certitude : notre sauvegarde ne passe que par le rétablissement des valeurs de partage, de solidarité et d'estime de l'autre.

Je ne vais pas m'étaler sur le fond de l'histoire, ce serait trop fastidieux. Je vais juste te raconter quelques anecdotes marquantes sur la forme. De vraies saloperies et des émotions inoubliables.

Avant, je me permettrai juste, sans entrer dans les détails, de confirmer à tous ceux qui pensent qu'Internet est une poubelle qu'ils ont raison. C'est le refuge sous pseudonyme de tout ce que l'humanité peut avoir de plus bas, de plus lâche, de plus sale. C'est un stylo qu'on a trouvé dans une fosse à purin. On peut écrire de très belles choses avec, mais ça poisse et ça pue. Sous l'Occupation, on les appelait des collabos ; dans le milieu, des balances ; dans les villages, des corbeaux. Ils se sont réincarnés en internautes anonymes. Lie de l'humanité, ils vomissent en toute impunité. Quand je pense qu'on appelle ça le progrès !

La bassesse virtuelle a de beaux jours devant elle. Elle est fielleuse à souhait, incontrôlable, et elle donne l'illusion d'exister. Tu parles d'une aubaine pour les cloportes ! Sur le site du DARD, j'ai eu beaucoup de magnifique et de sincère. J'ai eu aussi du dégueulasse et du sordide. Tu peux mettre tout le miel que tu veux sur une tartine de piment, ça t'arrachera la gueule quand même ! Dommage, c'est tellement bon, une tartine de miel.

Ça, c'est pour l'application Web. Pour le relationnel médiatique, ça a été bien pire.

Quand ils m'ont vu débarquer dans leur marigot, comment qu'ils m'ont réexpédié, les sauriens ! Je voulais profiter de ma notoriété pour rassembler. Je me suis rassemblé tout seul. Bien sûr, il y a eu vingt-sept mille adhérents. C'est pas rien. Certains d'en bas se sont organisés, rencontrés, ont diffusé la bonne parole. Mais en haut, chez les journalistes et les « pipoles », t'aurais vu la débandade ! J'ai envoyé mon manifeste « Une révolte, pas une révolution » à cinquante importants du show-biz. Pas un ne m'a répondu. Pas un ne m'a laissé le moindre message, le moindre SMS. Avec un minimum de sincérité et un maximum de courage, j'aurais au moins trouvé ça sur mon répondeur :

« Écoute, coco, ton idée de réunir du monde pour que les blaireaux puissent aussi profiter de la gamelle, elle est sympa, mais compte pas sur moi. Tu connais ma générosité : chaque année, je fais les Restos du Cœur. Mais, honnêtement, un *prime* sur TF1 devant dix millions de téléspectateurs, ça a une autre gueule pour mon image que ton rassemblement où y a même pas des sous à demander la larme à l'œil. Et puis, rentrer dans la tronche des politiques, ça peut faire des dégâts collatéraux. Je m'emmerde assez pour faire une carrière, je vais pas risquer le bannissement pour un idéal à la noix. À plus. On se rappelle ! »

Tu penses bien que, même ça, j'ai pas eu ! Ça fait des lustres qu'ils me prennent, au pire, pour un con primaire, au mieux, pour un attardé mental. Bon, c'est vrai que tu peux les voir à la table de mon *Grand Cabaret.* Mais je te jure bien que, pour la plupart, les contorsionnistes bulgares et les trapézistes tchèques les indiffèrent à peu près autant que la hausse du prix du kilo de mil. C'est paradoxal d'ailleurs, il n'y a que pour venir en marchands qu'ils arrivent en courant !

En ce qui concerne les journalistes, qu'est-ce que tu veux ajouter à leur dénomination ? Un tiret peut-être. Ils sont journa-listes. Bien rangés. Alignés par coutume. En file indienne derrière le grand sachem de leurs rotatives respectives. La plume plantée dans l'hémisphère droit ou gauche du cerveau. C'est selon. Et c'est irréversible.

À droite, j'ai eu droit à la danse du scalp obligatoire pour éreinter le Visage pâle qui déplaît à Geronimo. Quelques flèches, bien sûr. Plutôt émoussées. Des minichroniques hautaines. Et puis c'est quoi, ce clown de pacotille qui veut jouer les Coluche de l'âme ? Il n'a pas compris, le simplet du Bas-Limousin, qu'on ne mélangeait pas les genres. Les chiens écrasés, c'est page huit, pas à la une ! La nouvelle coupe de cheveux de Rachida, c'est quand même plus vendeur qu'un signal d'alarme parce que nous vivons la période de notre histoire où il y a le plus de suicides.

À gauche, les autres. Les minirebelles, enfermés dans leur fatuité d'intellos de faubourg, ils ne soupçonnent même pas que je puisse avoir une conscience citoyenne. Alors, aucune chance qu'ils s'attardent. Pour eux, je suis du lard de pays, avec des cheveux au-dessus et un quotient intellectuel de braconnier. Filou, mais pas terminé. Bercé trop près du mur. La révolution et la gaudriole, c'est plus qu'une mésalliance. C'est un inceste. Le père des peuples n'a pas le droit de coucher avec la fille du régiment. T'imagines le Che qui ferait tourner les serviettes ? Allons, allons, foutaise !

— Allez, va jouer ailleurs, qu'ils m'ont dit. Mais, crois pas, on t'aime bien. La preuve, on ne te démolit pas, on t'ignore seulement.

Et j'ai dû faire avec les fins de non-recevoir de la plupart des gazettes. Je te rassure, à la moindre audience en berne, au moindre dérapage humoristique, ils retrouveront mon numéro de téléphone. Mais je ne leur en veux pas plus que ça. C'est la règle. Quand on veut des amabilités, il faut lâcher du gras. Et moi, je refuse toutes les photos avec Lily et, quand on me cherche, je suis jamais là. Pas un seul brunch dans le VIIIe arrondissement, ça fait quand même fin de race. Et comme, en plus, je déballe sans arrière-pensée sur tout ce qui ne doit pas se dire, ça fait aigri, chercheur de poux, empêcheur de tourner en rond. Hors la loi du plus fort qui est toujours la meilleure.

Le kiosque est fait pour le clinquant, pas pour le lucide ou le désagréable.

Et puis il y a eu les politiques, bien entendu. Normal qu'ils me rembarrent, je suis venu secouer leur cocotier. Je me souviens de leurs sourires suffisants, de leur affirmation de légitimité, dans les micro-trottoirs où on leur demandait ce qu'ils pensaient de mon engagement. Pour faire court, ils balançaient quasiment tous entre « De quoi je me mêle ? » et « Va jouer ailleurs ! »

Ça m'a renvoyé à ma bâtardise d'enfant quand je tentais de m'immiscer sur le terrain de foot. « Casse-toi, tu gênes ! » était le leitmotiv de mes tentatives d'intégration. À l'époque, j'avais les jupes de Maman pour me blottir. Aujourd'hui, hélas...

— Tu les as toujours, me coupe Maman. Et mes consolations sont les mêmes. Ne te formalise pas, c'est la nature humaine. Et pardonne-leur.

— D'accord, Maman.

— Pardonne-leur, mais n'oublie pas... Et souviens-t'en à l'occasion. On ne sait jamais qui peut avoir besoin de qui. Ceux qu'on croise en montant l'escalier sont les mêmes que ceux qu'on croise en descendant.

Tout s'est donc déroulé entre mépris, indifférence et manipulation. Le face-à-face avec Jean-François Copé chez Mireille Dumas, ma copine, a bien résumé l'affaire. Il avait son monde, j'avais le mien. Aux antipodes. Aucun équateur commun possible. Mon discours passionné, maladroit, amateur, et le sien, strict, rodé, professionnel. Son argument final a été :

— Croyez-moi, on n'est pas si mal que ça en France !

— Eh bien, ça va faire plaisir aux dix millions en situation de précarité d'apprendre ça ! ai-je assené en guise de conclusion.

Enfin, en guise de conclusion, pas vraiment. À l'enregistrement oui, mais pas quand l'émission est passée quelques jours plus tard. Ma Mireille préférée a été obligée de composer. Pas par soumission. Par diplomatie et sincère volonté d'intégrité. Il n'était pas content, le Jean-François, arguant que j'avais eu vingt minutes d'interview avant en solo, et qu'il était arrivé pour débattre avec moi comme un cheveu sur la soupe. Pour rétablir l'« injustice », les monteurs sont allés chercher au milieu de l'interview une phrase de lui bien grandiloquente sur le dévouement des élus. Et c'est cette phrase qui, à la diffusion, replacée en toute fin par le petit miracle du copier-coller, lui a donné le dernier mot. Je n'en veux pas une seule seconde à ma Mireille, elle est honnête… elle.

Le peu d'interventions télévisées que m'ont offert les plus courageux m'a permis de mesurer l'espace entre les disserteurs cathodiques et la France en vrai. Pas un fossé, un abysse. Ces chroniqueurs-rois, « écriveurs », « réfléchisseurs » sont persuadés d'être des observateurs. Insulte suprême, j'ai eu aussi le tort de leur dire que, selon moi, ils étaient avant tout des complices. Crime de lèse-majesté. Surtout venant de la part d'un croquant indésirable à la cour. Logique qu'ils m'aient renvoyé à ma terre.

— Je t'avais pourtant dit de ne pas mettre les pieds là-dedans, me répète Maman pour la énième fois.

— Tu as raison. Mais quand mon ordinateur a effacé, sans aucune raison, les dix premières pages du manifeste, j'ai vraiment cru que c'était un problème technique, pas un de tes avertissements.

— Et quand le dernier café, la veille de la conférence de presse pour la création du DARD, t'a affreusement brûlé la langue, tu n'as pas percuté non plus ?

— Désolé, Maman.

— Pas autant que moi. Il n'y a que pour RTL que tu as reçu le message.

— Ça n'a rien empêché.

— Non, mais ça a eu le mérite de ne pas te surprendre.

Je vais l'appeler « l'autre ». Histoire de ne pas balancer de nom, parce que ça ne sert à rien. « L'autre » donc, c'est un type en qui j'avais toute confiance. Mieux, je lui avais même offert un gros bout d'amitié sincère. Il faisait partie de ceux qui me chapeautaient à RTL. Depuis trois ans avec mon pote Rémi Castillo, un intègre aussi, deux fois par semaine, j'avais mon rendez-vous avec vous. Un face-à-face léger, parfois profond, avec des invités de tous bords.

Depuis quelques semaines, j'avais le pressentiment d'une arnaque sentimentale. La poignée de main avec

« l'autre » était plus moite, le regard fuyant. Le signal d'alerte de Maman a été qu'un jour où il passait la tête par la porte du studio j'ai vu très nettement la personne qui se trouvait derrière lui. Comme à travers, en transparence. Illusion d'optique certainement. Un jeu de glace peut-être. Et puis ça a été tellement furtif. N'empêche qu'avec tout ce que tu sais maintenant j'ai interprété ça comme une dématérialisation significative. Quelques jours plus tard, j'ai provoqué l'entretien.

— Quelque chose me dit que vous allez me virer.

Silence gêné de « l'autre ».

— Pourtant, l'émission marche bien, ai-je appuyé. On est même en tête à cette heure-là de toutes les radios.

— Oui, mais elles nous grignotent..., a-t-il mollement argumenté. Et puis c'est pas si simple.

— Excuse-moi d'insister, ai-je repris, sûr de moi, mais j'ai un sale pressentiment. Et, en plus, je pense que c'est à cause du DARD.

— C'est vrai qu'il aurait été préférable que tu n'en parles pas dans tes émissions, est-il enfin convenu. On ne t'a pas embauché pour ça.

— Mais je ne parle que de respect et de dignité.

La phrase qui a suivi est inscrite à jamais dans ma mémoire. Je la lui ai même fait répéter deux fois, pour être sûr que j'avais bien entendu. Je ne la commenterai pas, tant elle résume à elle seule toute l'aventure et le pourquoi de l'échec médiatique de l'entreprise.

— Le respect et la dignité n'ont rien à faire dans une émission de divertissement sur RTL !

On m'a viré donc. Autant te dire qu'avec ce que j'écris là, je ne suis pas près d'être invité rue Bayard. Il me reste un espoir toutefois d'arpenter un jour les couloirs de la première radio de France. Il arrive parfois que des laquais zélés, avides de reconnaissance, anticipent des bannissements dont le prince n'a que faire. L'éternelle contorsion des serviles. Pour résumer, je pense sincèrement que tout ça était certainement moins une histoire de radio et de pouvoir qu'une histoire d'hommes. Et il se peut que lorsque les hommes ne changent pas, on change les hommes.

Tout ça, c'était en haut. Et en bas alors ?

En bas, il y avait les soutiens quotidiens, les encouragements. À chaque passage télé, plus de mille adhésions. Des gens en souffrance, en attente d'autre chose, persuadés qu'on allait y arriver. Le site débordait de propositions pour une vie meilleure. Les membres échangeaient, se confiaient, se rencontraient. Il y avait des messages d'amour d'une rare poésie : « Arrêtez de courir dans mes rêves, vous allez être fatigués ! » Il y a eu cette vieille dame que la mobilisation des membres et mon intervention ont réussi à sauver d'une expulsion sauvage. Il y avait la conviction. Il y avait l'espoir. Et puis la gangrène est arrivée.

En quelques jours, le site a été pollué par des adhérents des partis politiques traditionnels. Il devait y avoir aussi quelques artistes médiocres à qui j'avais refusé un passage dans mon émission, voire des maris jaloux. Comme je te l'ai expliqué plus haut, le commentaire sur Internet est le seul pas-de-porte où le paillasson est à l'intérieur. Pour s'essuyer les pieds avant de sortir. Ajoute les membres authentiques plus préoccupés de leur propre sort que de l'intérêt général, une poignée de malades mentaux, et le bel avion ne pouvait pas voler bien longtemps. Pas de presse, plus de radio, plus de télé, le site infiltré, le crash était programmé.

J'avais organisé une rencontre à Carcassonne, un soir de mai. Pendant deux heures, j'ai touché du doigt, des larmes et du cœur à la fois la détresse et la générosité des oubliés de notre pays. Ils étaient une centaine, attentifs, décidés, qui exposaient leur inacceptable et leurs attentes. Je me suis fait percuter plein fer par leur douleur, leur sincérité, leur résignation souvent. Quand tout le monde a été parti, mon pote Norbert, un authentique, m'a parlé comme seuls parlent les vrais amis :

— J'espère que quand tu vas rentrer, ta fille va te serrer dans ses bras. Parce que, avec ce que je viens de voir, si on t'embrasse pas fort, tu vas te filer une balle dans la tête.

— C'était poignant, non ? ai-je demandé, en lâchant un peu des larmes que j'avais contenues jusque-là. C'est pas possible de rien faire pour eux.

— C'est trop lourd, Patrick. Y a pas un être humain qui peut porter ça sur son dos. T'es une locomotive qui tire cinquante wagons d'une tonne chacun. Et puis tu me connais, je mens jamais. C'est bien beau de vouloir aider les gens, mais la plupart ne s'aident même pas eux-mêmes. C'est courageux ce que tu fais, c'est même la seule solution pour éviter la catastrophe, mais la planche est pourrie. Je te dis pas qu'il faut arrêter, mais si tu continues, tu mérites la canonisation. Je suis pas certain qu'ils aient ta taille en auréole !

Je suis rentré sur Martel en voiture en pleine nuit. Bizarrement, malgré le gros doute qui me tenaillait, je me sentais aérien. La lévitation du bien fait. Cette sensation extraordinaire de sérénité d'avoir donné, aidé, écouté, compris et même soulagé.

Quand je suis arrivé, au petit matin, j'ai serré très fort Nana et Lily. Je suis allé boire un dernier café au « socle », attablé devant la photo de Brel. Je me suis rappelé sa belle définition d'un artiste : « C'est quelqu'un qui a mal aux autres. » Malgré l'aérien, je les sentais, ces mille piqûres que m'avait faites le spectacle de la douleur de tous ces braves gens.

Je revoyais les yeux de la dame serrant contre elle sa fille handicapée avant qu'elle ne se retourne vers l'assistance pour lancer :

— Ça peut vous arriver à tous. Et on ne fait rien pour nous.

Je revoyais le frêle homme blessé tout en noir. Il s'était choisi « Quasimodo », comme pseudo. Et pourtant, plutôt beau mec, mais détruit, sur le point de passer les prochaines nuits dans sa voiture. Et même pas aigri. Ne réclamant rien. Me remerciant, les larmes aux yeux, d'avoir juste daigné lui parler quelques instants.

Putain de société ! Putain de souffrance ! Putain d'abandon ! Putain de moi, coincé entre l'exaltation et le renoncement.

Je me suis assis dans la chambre de Maman pour attendre un signe. Rien. Alors, je suis monté dans la « tour aux trésors », là où sont rangés mes souvenirs indispensables. Un foutoir volontaire. Un pêle-mêle de vieilles photos, de vieux disques, de vieux bouquins. Je suis entré, une lampe torche à la main. Au premier pas, j'ai trébuché sur une pile de livres. J'ai dirigé le faisceau vers le sol. Une dizaine de San Antonio jonchaient la moquette usée. J'ai souri. Le signe était forcément là. Frédéric Dard. Mon père de substitution. L'évidence de son nom pour mon mouvement. La « synchronicité » nominale : DARD, « Droit au respect et à la dignité ». Cette filiation étrange entre lui et moi. Avouée d'ailleurs, puisqu'il m'a dédicacé *Je le jure,* son autobiographie : « À toi, Patrick, que j'aime plus qu'un fils. »

J'ai éteint la lampe pour que ce soit le hasard qui guide ma main vers le livre que j'allais saisir. Je me suis dit qu'en ouvrant à l'instinct, il y aurait bien un mot, une phrase qui m'amènerait à prendre la bonne décision. Que Frédéric m'enverrait le bon signe. J'ai rallumé. Je tenais dans les mains un des plus anciens, tu sais, avec la couverture dessinée par Gourdon. Je n'ai pas eu besoin de l'ouvrir. Je n'ai lu que le titre : *Laissez tomber...* En fait, c'est *Laissez tomber la fille,* mais un arrachage fortuit avait fait disparaître *la fille.*

Même dans le noir, le message ne pouvait pas être plus clair.

— Je crois que je vais laisser tomber, ai-je annoncé à Nana dès le lendemain.

Je l'ai sentie soulagée. Depuis le début, elle était inquiète. Pour moi, pour nous, pour Lily. Elle me soutenait sur le fond, pas sur la forme, comme presque tous. Je n'ai pas osé lui avouer que le déclic venait de Frédéric. Ça ne l'aurait pas surprise. Elle aussi partage une coïncidence étonnante avec l'écrivain.

Nous avions dîné tous les trois un soir de 1991. Elle arrivait dans ma vie et je voulais lui faire partager la rareté et l'extraordinaire qualité d'une soirée à la table du maître. Égal à lui-même, il l'avait subjuguée de générosité, d'intelligence et d'amour. Et puis ce regard. Si bleu, si beau, si gai et si désespéré.

Au moment des vraies confidences, nous avions évoqué sa tentative de suicide. Un tournant de sa vie. Pas une tentative d'alerte pour se faire plaindre. Une vraie, par pendaison. Il était resté quelques jours dans le coma et s'en était sorti *in extremis.* Déjà curieux de coïncidences de calendrier, j'avais demandé à Frédéric :

— C'était quand exactement ?

Je pressentais une date de ma vie essentielle, tant ma passion pour cet homme était fusionnelle. Alors ? Un 14 novembre, pour mon anniversaire ? Un 31 mars, celui de Maman ?

— C'était le 19 octobre 1965.

Ce jour-là arrivait au monde une jeune fille prénommée Nathalie.

Mais on l'a toujours appelée Nana.

Ma femme, la maman de Lily.

De Frédéric à Frédéric, voilà l'aventure du DARD résumée en quelques lignes. Très résumée. On ne peut pas tout dire. D'une « synchronicité » à l'autre. De l'héritage humaniste que m'a laissé le grand homme à l'abandon qu'il m'a dicté. À l'abandon, mais pas au renoncement. Ce que je n'ai pu faire dans la lumière, je le prolonge dans l'ombre. Au quotidien. En secret. Je sais que l'essentiel du message est passé. La preuve, j'ai été à deux doigts de me faire basculer par-dessus bord. Et ce n'est pas seulement une image. Par bonheur, j'ai compris à temps que lorsqu'on veut détourner l'avion, il faut être dans l'avion. Alors, j'ai rejoint ma place. J'ai bouclé ma gueule et ma ceinture. On annonce des turbulences.

Y aura-t-il un copilote dans l'avion ?

Va savoir…

Mais, chut… C'est un secret !

On ne peut pas tout dire.

— Alors, monsieur Jean, un commentaire avant qu'on passe à autre chose ?

— Des réminiscences, juste. Dans le film *Le Président*. Je lançais à une Assemblée nationale survoltée : « Messieurs, je sais qu'il y a des hommes politiques malhonnêtes, mais il y a aussi des poissons volants, mais ça ne constitue pas la majorité du genre. » On peut rêver. Il y en a un qui va bientôt se lever pour nous rectifier tout ça, j'en suis intimement convaincu. Quand le Tsar, fatigué de lui, sera rentré dans son isba pour un repos bien mérité, y aura le contre-feu, je parie. Un pur, un sincère, un dévoué. Un presque vrai. Je dis

« presque » parce qu'on ne refait pas la nature humaine non plus. Y aura de l'ego, de l'orgueil, mais comme le sel de céleri dans le jus de tomate, pour saupoudrer. Celui-là ne fera peut-être pas mieux que les autres, mais il fera de son mieux, la nuance est de taille. Quant aux laissés-pour-compte, la réminiscence est dans *La Traversée de Paris* : « Salauds de pauvres ! » C'est bien beau d'afficher « chien méchant », encore faut-il qu'il morde. Je parle de ceux qui se couchent au premier nonos et qui ronronnent. Y a pas de meute de chats. C'est te dire si la chasse à courre a peu de chances de commencer ! T'as eu beau *spiel*, mon p'tit gars, de vouloir faire quelque chose pour les « gensss », mais tu m'aurais demandé, je t'aurais détourné. Sans juger. Manière de. Le Français est taquin. Bien sûr qu'il y a urgence de révolte, mais le bouleversement, c'est pas dans la nature du coq gaulois. Il ne fait jamais « cocorico » tant que c'est pas l'heure. Son p'tit Loto, sa p'tite télé, ses p'tites vacances… Pour lui donner des envies de révolution, faut autre chose que de l'idéalisme et de l'absolu. Si tu lui vires son Tour de France, sa ligue 1, et si tu lui repénalises le Ricard, sûr qu'il va ruer dans les brancards. Mais pas avant. L'urgence du populo, c'est d'abord son petit monde perso. Ne lui demande pas de jouer collectif, il sait pas. T'as déjà vu dix pékins moyens se liguer dans une rame de métro pour défendre une gisquette qui se fait malmener par des malappris ? Moi jamais. Alors, ne rêve pas du grand soir. Le Français est du matin. Son p'tit noir, ses tartines, son canard, ça caresse le chien, ça engueule sa femme (rarement le contraire) et ça va marner. Bien sûr, ça révolutionne en sourdine entre la machine à café et la clope sur le trottoir, mais ça déboulonnera jamais les statues. Trop peur que les pigeons lui défèquent dessus par mégarde. Alors, comme tu dis, c'est bien d'avoir essayé. Mais te bile pas. T'as voulu tenter l'Annapurna, c'est déjà ça, il y en a tant qui se contentent de la butte Montmartre. Chaque fois qu'on te reprochera d'en avoir trop fait, dis-toi que c'était pas encore assez. Une vie sans excès, c'est comme le gigot sans ail, ça nourrit, mais ça régale pas !

— Encore merci, monsieur Jean, et surtout…

Le téléphone a interrompu mon délire.

C'était mon pote Cormier. Un dingue, journaliste de talent, fêtard invertébré. Je sais, on dit « invétéré », mais, à force de pencher la tête en arrière pour descendre tout ce qui se boit et qui pique, il y a belle lurette que son atlas et son axis ont dû se décalcifier. Ce mec fait honneur au nom d'homme. Cultivé, baroudeur, tendre, leveur de coude, baisseur de culotte, chaleureux, miraculé et profondément intègre. On se connaît depuis plus de trente ans, on ne s'est pas vus depuis un. Ça fait partie de ces indispensables à la mémoire qui n'ont pas besoin d'être présents pour être là. Et tu sais pourquoi il m'appelle ? Pour me parler du *Singe en hiver*, le chef-d'œuvre de Blondin, son pote, son idole, sacralisé au cinéma par Gabin. Ça va se faire en pièce de théâtre. Quelle belle idée !

La coïncidence du coup de téléphone avec la tirade à la Gabin au moment où elle s'achevait ne m'a même pas surpris. J'ai pris note, c'est tout.

Je suis certain que depuis que tu me lis, et même si ton sens des réalités doit parfois t'en faire sourire, tu dois être beaucoup plus attentif à ces croisements du hasard. Il ne s'agit pas de faire une fixation, mais d'être en alerte. Tout ne peut pas être interprété. Mais, quand on s'y attarde, la multiplication des coïncidences peut faire office de prévention, de signal d'alarme. En l'occurrence, l'appel de mon copain Cormier n'avait rien d'inquiétant. L'univers de Gabin n'a pour l'instant jamais engendré le moindre désagrément dans ma vie quotidienne. S'il s'était agi de Piaf, j'aurais commencé à me poser des questions.

Dans tous mes livres, j'ai évoqué ce que certains appellent une « malédiction ». Je l'ai toujours survolée, jamais approfondie. Je vais, dans le prochain chapitre, te la livrer entièrement, d'autant que depuis l'écriture de *Tu m'appelles en arrivant*, d'autres faits troublants sont venus s'ajouter à ceux que j'avais déjà révélés…

Et c'est reparti !

Je te jure sur la tête de Lily qu'au moment où j'écrivais les dernières lignes, juste au-dessus, j'ai senti une poussée contre ma hanche. Comme si quelqu'un venait de s'asseoir dans le fauteuil à côté de moi. Même si ça fait un peu peur, je vais me lancer quand même. Ne serait-ce que pour tenter de me convaincre moi-même que, comme me le disent élégamment mes amis les plus cartésiens, « tout ça, c'est des conneries ! »

Cette « malédiction de Piaf » est obsédante, régulière. Elle s'appuie sur des faits réels, pas des interprétations. Tous mes amis la connaissent, et certains la redoutent. Je prends un vrai risque en décidant de te la raconter en détail. Mais je tiens à le faire parce que, depuis des années, j'essaie de la désamorcer. Si là, habité en plus par Maman, j'arrive au bout du chapitre suivant sans qu'aucun événement contrariant vienne me percuter, ça signifiera qu'effectivement tout ça, c'est dans ma tête. Et seulement là. Tu pourras me traiter d'usurpateur, d'escroc littéraire, de charlatan, de tout ce que tu voudras, et classer le chapitre dans la catégorie « redite et remplissage ». Et, crois-moi, j'en serai ravi.

— T'en penses quoi, Maman ?

— Je pense qu'effectivement tout ce que cette prétendue « malédiction » t'a apporté mérite un défi, une provocation, histoire d'essayer de conjurer.

— Ce ne sera pas la première fois, rappelle-toi le spectacle à l'Olympia où, pour vaincre le mauvais sort, je l'avais même imitée, la Piaf, histoire de dire : « Tu vois, tu me fais pas peur ! »

— C'était courageux. Mais inutile, c'est le seul de tes spectacles qui s'est mal passé. Une ambiance pourrie avec les musiciens et le public clairsemé... Mais c'est normal, je n'étais pas là.

— Qu'est-ce que tu racontes ? Tu es venue trois fois.

— J'étais devant, pas dedans. Aujourd'hui, on est deux. Qu'elle y vienne, la môme Moineau, va falloir qu'elle fasse gaffe à ses plumes !

— Tu veux dire qu'on va se payer quasiment un exorcisme tous les deux ?

— C'est ça… En direct, et sans ratures. Que les suspicieux posent le livre ou sautent un chapitre. Moi, je suis prête.

— Tu ne devais pas danser avec Gabin ?

— C'est pas grave, je danserai après le chapitre suivant. Et puis, tiens, si tout se passe bien, on se la fera sur *Padam… padam*, la valse à trois temps, histoire de « dédiaboliser » définitivement l'oiseau de malheur. D'accord, monsieur Jean ?

— À votre entière disposition, madame. J'avais promis le guinche romantique, c'est un engagement qu'un gentleman ne peut parjurer en aucun cas. On sursoit, mais on ne capitule pas. Quant aux hallucinations du fiston, s'il suffit de quelques lignes pour le rassurer, j'attendrai le moment opportun. Pour ma part, je suis un terrien, un pragmatique, et toutes ces élucubrations mystiques me laissent de glace. Pour paraphraser le grand Jacques, dont vous parliez dans le chapitre précédent, « ça m'en touche une sans remuer l'autre ». Je précise que quand je dis « le grand Jacques », je parle de l'escogriffe corrézien, pas du chanteur wallon, bien entendu… Moi, la môme Piaf, je l'ai connue, et elle ne m'a apporté que l'immense plaisir de la voir chanter. Toutefois, si votre gamin fait dans le dubitatif et le funèbre, c'est son droit le plus absolu. Je veux bien croire à des concomitances et des bizarreries, mais le spiritisme de bazar, très peu pour moi ! Les guéridons qui tournent et les ectoplasmes en chemise de nuit transparente, ça me rappelle plutôt les clandés d'avant Marthe Richard. J'ironise pas, je mélancolise. Donc, en conclusion, je m'efface provisoirement, mais sachez que l'intensité de mon impatience n'aura d'égale que celle de la joie de vous serrer dans mes bras, ma chère Dédée !

Ainsi s'exprimait monsieur Gabin, assis sur le rebord de mon imaginaire, le feutre vissé, la Gauloise aux lèvres et le regard bleu. Maman lui a fait un petit signe de la main, puis elle s'est penchée à mon oreille :

— T'as entendu, il m'a appelée « ma chère Dédée », soixante ans que j'en rêvais.

— Je viens de le dire, Maman, lui, c'est pas comme nous, c'est que de l'imaginaire.

— D'accord, mais quand même, ça fait quelque chose… Allez, mon petit, on y va ! Cette fois, on va l'atomiser, cette satanée « malédiction ». Ne crains rien. Moi, je ne suis pas imaginaire. À propos, le coup sur la hanche, tout à l'heure, c'était pas elle.

— C'était toi ?

— Évidemment ! Qui veux-tu que ce soit ?

LA DAME DE GLUGES

Il faut tout d'abord te préciser que je suis absolument sain d'esprit et que je ne consomme aucune autre drogue que la cigarette. L'« inoffensive » d'après les vieux réacs. Pas celle qui fait rire, celle qui tue seulement.

Quant à l'alcool, ça fait bientôt vingt-cinq ans que j'ai posé le verre. Je veux dire que je limite ma consommation au plaisir du goût, sans dépasser la dose prescrite. Je m'étais décalqué trop cher dans les années quatre-vingt. À partir de plus d'un litre et demi de whisky par jour, on peut plus appeler ça de la soif. C'était de la connerie pur malt. Ni remords ni regrets. Mais j'ai préféré échanger le bancal contre le droit, le titubant contre le posé, l'extravagant contre le réfléchi.

Au-dessus d'une certaine dose, c'est l'alcool qui te consomme, pas le contraire.

La came, elle, m'a toujours fait fuir. L'excessif que je suis ne se serait jamais contenté d'un pétard pour faire joli. Sûr que si j'y avais mis le nez, j'aurais terminé aux fléchettes. De plus, je déteste la coke de frime, elle n'est pas conviviale. Surtout celle estampillée show-biz. Dans les couloirs de la télé, tu tapes sur le dos de certains, tu te retrouves avec les pompes blanches ! Et puis, il y a bien longtemps que j'ai compris le piège, la grande illusion de la came artistique, celle qui, soi-disant, pousse à la création. Je serine cette évidence à tous mes copains poudrés : « Tu n'es pas meilleur, mais quand tu es mauvais, tu ne t'en aperçois pas. » Ils en sourient niaisement, m'enfouissent dans leur tiroir à vieux cons, et continuent leur route en suivant la ligne blanche. Ce n'est que mon point de vue, mais, même artificiel, je reste persuadé que le paradis n'existe pas. Alors, je reste Cyrano de bergerac rouge, ou bergerac blanc, mais avec modération. Le nez en trempette, non merci !

Tout ça pour dire que mes observations ne sont ni des vagabondages de mythomane ni des séquelles de dégénérescence dues à une trop forte consommation de produits illicites. Parce que des vrais déglingués, j'en connais des pelletées ! Des simplets de canton aux allumés des salons parisiens. La différence n'est que de vocabulaire. Chez les pauvres on appelle ça des crétins déjantés, chez les riches, des illuminés passionnants. Je pense n'appartenir ni à l'une ni à l'autre de ces catégories. Mais parfois, je me pose la question quand même : « Est-ce que tout ça est réel ou, comme disait ma grand-mère, est-ce que je ne suis pas en train de virer bredin ? »

Il faut dire que les circonstances de la « malédiction de Piaf » que je vais te disséquer ont de quoi semer le doute. Bien avant que j'en prenne conscience, j'avais déjà, tout à fait par hasard, découvert une « synchronicité » étonnante. Mais elle n'avait entraîné aucun dommage collatéral sur ma personne. Je l'avais classée au rayon « curiosités musicales », plus enthousiaste qu'inquiet de ma découverte.

J'avais dix-sept ans. C'était un jour de dessin, à Brive, quand je gagnais ma vie en croquant des gueules de stars au fusain pour les vendre à des fans, histoire de me faire un peu d'argent. Je griffonnais dans la petite maison où habitait ma grand-mère, chez une tante.

Cet après-midi-là, je dessinais Piaf. Sur le vieux Teppaz tournaient quelques 45 tours du moment. Adamo, Hallyday, Vartan, Sheila. J'ai eu soudain une envie de Brel. J'ai posé la galette du grand Jacques, enclenché le bras et je suis retourné m'asseoir à mon chevalet. Et c'est Piaf que j'ai entendue. « Non, Jeff, t'es pas tout seul. » Même si j'ai compris tout de suite le malentendu, je n'ai pu m'empêcher d'écouter jusqu'au bout. En fait, le disque de Brel était un 33 tours et, après les 45 tours, j'avais omis de remettre le régulateur à la bonne vitesse. S'il te reste un vieux tourne-disque, tente la manœuvre, tu vas constater que c'est étonnant : Brel accéléré, ça fait Piaf !

J'ai appelé Angèle, ma grand-mère, pour lui faire écouter le phénomène. Comme elle ne répondait pas, je suis descendu dans sa chambre.

—Je m'étais assoupie, m'a-t-elle dit la voix lasse. Je ne me sens pas très bien.

—Je te le ferai écouter tout à l'heure, c'est pas grave.

Je l'ai embrassée sur le front et je suis remonté écouter de nouveau ma découverte.

À l'époque, j'ai juste interprété ce hasard comme un coup de pouce d'une quelconque muse aux gribouilleurs débutants, pour m'aider à finir mon croquis de la Môme de la façon la plus ressemblante qui soit. Ce n'est que bien plus tard, quand la « malédiction » a été vraiment installée, que je me suis souvenu des doigts d'Angèle, ce jour-là. Au moment de quitter sa chambre, j'avais jeté un dernier coup d'œil. Elle avait refermé les yeux et ses deux index semblaient tricoter un pull imaginaire. Je me suis dit qu'elle rêvait. L'ultime image que j'aurai d'elle, en 1981, sur son lit de mort, sera la copie conforme de celle-là. Aux dernières heures de son cancer, le cerveau déconnecté, elle tricotait, le regard hagard, des pulls imaginaires.

Les questions que je n'envisageais même pas à l'époque, je ne peux m'empêcher de me les poser aujourd'hui. Est-ce que c'est ce jour-là que le crabe a fait son nid pour la première fois ? Est-ce que Piaf y était pour quelque chose ? Abrupt, comme ça, le rapport doit te paraître bien mince et peut te renvoyer au début du chapitre avec un sérieux doute sur ma santé mentale. Je vais te raconter la suite et on en reparle.

En fait, la véritable « malédiction » a commencé un jour gris d'automne 1976. Sur le trajet Brive-Rouen, sans autoroute ou si peu, pour rejoindre Michel Sardou en première partie duquel je faisais mes débuts de grande scène. « Baptême du feu » était vraiment le mot, tu te souviens, Maman ?

— Oh oui, je t'accompagnais de temps en temps. Moi qui n'aimais pas trop les flics, ça tombait mal, y en avait partout.

Du CRS à moto, du gendarme à pied, du policier en civil, de l'escorte et de la protection rapprochée, il y avait tout le catalogue de « je redoute ». Michel avait sorti une chanson qui s'appelait : *Je suis pour.* Un coup de gueule pour la loi du talion. Ça faisait scandale. La gauche bien-pansante (celle qui veut soigner même des maux qui n'existent pas) en avait fait sa croisade de l'année. À bas la peine de mort ! À bas le facho ! Et tant pis pour la liberté d'expression. Moi, gamin, je faisais du Bourvil en première partie, bien loin de ces bagarres d'idéaux de circonstance. N'empêche, il n'y avait pas un seul spectacle sans alerte à la bombe et déminage. Et le taciturne qui chantait *Mourir de plaisir.* Tu parles d'une festivité !

En arrivant à Rouen, je n'ai pas trouvé le spectacle. Les camions de la technique avaient été planqués à l'intérieur du Palais des expositions, pour éviter les dégradations. Ne voyant aucun élément du barnum à proximité, j'en ai déduit que, comme ça arrivait parfois, le spectacle était annulé pour cause de grogne populaire et je suis rentré sur Paris. La fête a bien eu lieu, mais sans moi. De toute façon, je n'aurais pas pu y participer. En arrivant chez moi, j'ai constaté que j'avais oublié toutes mes affaires de scène à Brive.

C'était le point d'orgue d'une journée pourrie, où, sur huit cents kilomètres et sous une pluie incessante, je m'étais fait prendre par trois radars. Et quand j'étais sorti du petit resto où j'avais mangé un encas sur le pouce, j'avais découvert ma voiture inondée de fientes de pigeon. Et bien sûr pas un *carwash* en service. Journée de merde donc ! Il y en a, des comme ça : sans catastrophe majeure, mais enchaînant les contrariétés en cascade.

Pendant tout le voyage, j'avais écouté du Piaf en boucle. Je l'adorais. Avec une préférence pour *L'Accordéoniste* et *Plus bleu que le bleu de tes yeux.* D'accord, la journée avait été noire, mais de là à envisager que la similitude de couleur avec le plumage de la Môme (sa robe éternelle) ait pu m'entraîner dans le maléfique, il n'y avait vraiment aucune raison.

Ce n'est que la semaine d'après que j'ai commencé à envisager un rapport éventuel. Toujours en tournée avec Sardou, je rentrais dans la nuit en écoutant ma chanteuse préférée, toujours en boucle. À un feu rouge de Bry-sur-Marne (tiens, c'est là où j'enregistre mes émissions depuis vingt ans), j'ai retiré la cassette pour mettre la radio. La belle coïncidence, je suis tombé sur *L'Accordéoniste.*

« Quand y en a plus, y en a encore ! » ai-je souri.

Pas longtemps. Un choc énorme. Un chauffard ivre m'a fracassé à l'arrêt, m'expédiant de l'autre côté du carrefour. Je me suis réveillé à l'hôpital Sainte-Camille, le cou dans une minerve.

— C'est grave ?

— On ne sait pas encore vraiment, m'a répondu l'infirmière. Ne vous agitez pas. D'après les radios, il y aurait une fracture des cervicales.

Mes combats de rugby où j'en avais tant vu me sont revenus à la mémoire.

— Je risque la paralysie ?

— C'est possible, pas certain. Surtout, ne bougez pas.

J'ai passé la nuit peut-être la plus horrible de ma jeune vie. Absolument immobile. À tout imaginer. Le fauteuil roulant, le sexe en berne, les rêves de carrière à la trappe. À côté de moi, un autre accidenté agonisait. Déjà agnostique, je n'avais aucune tentation de prière. Mon voisin, lui, en revanche, a psalmodié jusqu'au matin des « mon Dieu, mon Dieu » à n'en plus finir.

« Mon Dieu, mon Dieu, mon Dieu, laissez-le-moi encore un peu, mon amoureux ! » Ça a fait déclic. J'ai repensé à la journée pourrie, une semaine plus tôt, et bien entendu à *L'Accordéoniste* au moment du choc. « Ça lui rentre dans la peau par le bas par le… » Boum ! Voyez caisse, et enlevez le corps !

Je me suis promis, cette nuit-là, sur mon lit de douleur que, si jamais je m'en sortais, je n'écouterais plus jamais du Piaf. On cherche toujours des responsables à nos malheurs. Quand la superstition ne fait pas de bouclier, elle sert au moins de consolation.

Au petit jour, l'infirmière est entrée hilare dans ma chambre.

— J'aurais dû parier le champagne, a-t-elle lancé, toute guillerette. À vous voir, je me doutais qu'il n'y avait rien de grave. C'est l'interne qui a analysé vos radios qui s'est trompé. Il a confondu une poussière avec une fracture. Ne lui en voulez pas, vous savez ce que c'est, les sous-effectifs, le surmenage. Enfin, le principal est que vous n'ayez rien…

Et, soulagée presque autant que moi, elle a chantonné avec un grand sourire :

— Non, rien de rien…

Un mois plus tard, après une petite convalescence de précaution chez Maman, je remontais sur Paris, toujours en voiture. Pas de Piaf, évidemment. J'avais détruit la cassette. Mais ça me chagrinait. Pour tout dire, elle me manquait. Alors, je me suis parlé :

— T'es vraiment trop con, mon pauvre Patrick ! C'est pas Piaf qui t'a envoyé dans le décor, c'est le crétin dangereux qui avait trois grammes, c'est tout. T'as toujours trouvé les voyants ridicules et la seule séance de spiritisme à laquelle on t'a convié t'a tellement fait marrer que les participants t'ont jeté comme une vieille éponge. Faut dire qu'à partir du moment où tu t'étais aperçu que l'hôte du jour balançait des coups de pompe dans les montants pour suppléer les esprits muets, tu t'étais lâché. T'avais imité Bourvil qui disait : « Rendez-moi mon vélo, j'en ai besoin au paradis ! » Évidemment, ça avait hurlé à la profanation… Allez, oublie tout ça et arrête-toi à la prochaine station-service pour racheter la cassette de Piaf que tu as balancée.

Je l'ai fait.

Et, à peine après avoir redémarré, mes deux pneus avant ont explosé. Là, frisson. J'ai fait venir la dépanneuse toute proche et, en rentrant sur Paris, je n'ai pas dû dépasser le soixante. Aux aguets, me demandant sans arrêt quelle tuile nouvelle allait me tomber dessus. J'avais évidemment balancé dans le fossé la « cassette maudite » et je m'étais bien dispensé d'allumer la radio.

C'est à la radio, justement, que, quelques mois plus tard, je prendrais conscience que cette « malédiction » ne m'était pas exclusivement réservée. C'était dans une émission sur Europe 1. On ne m'avait pas invité pour ça, mais la conversation avait glissé sur les phénomènes paranormaux. Juste après que j'ai eu évoqué mes désagréments liés à Piaf, le standard a été envahi de dizaines de témoignages d'anonymes confirmant qu'eux aussi subissaient à plus ou moins grande échelle cette « malédiction ». Tout ça augmenté d'une évidence : les morts violentes qui jalonnaient la vie de la Môme. Cerdan, Sarapo et tant d'autres.

Et puis des personnalités connues en avaient rajouté une couche. D'abord, Jean-Claude Brialy, à qui Piaf avait offert une de ses robes de scène. Chaque fois qu'il avait voulu la montrer à des amis, le téléphone avait sonné pour lui apprendre la mort d'un proche. Jacques Martin, ensuite, qui avait témoigné que lorsqu'une jeune chanteuse voulait reprendre du Piaf sur la scène du théâtre de l'Empire, soit elle faisait une chute, soit un projecteur explosait.

Pour résumer, cette émission m'a fait découvrir tout un tas de frères de superstition. Sans affolement, sans dramaturgie inutile. Un simple constat : Piaf était pour nous tous un oiseau de malheur. Cela n'enlevait rien à son talent, au contraire. On en était même arrivés à la conclusion que c'était peut-être cet inexplicable halo maléfique qui la rendait si inexplicablement captivante, envoûtante, unique.

— Et c'est seulement pour ça qu'à partir de ce jour-là t'as occulté la Môme ? me demande Gabin, toujours dubitatif, mais apparemment intéressé.

— Oui, m'sieur.

— Je dois reconnaître qu'effectivement, il y a de quoi se palper le cigare. Quant à se taper le black-out total, c'est quand même se priver de jolis frissons. Moi, à ta place, franchement, j'aurais pas fui, j'aurais fait face. Faut toujours attaquer le mauvais sort pleine bille. Histoire de lui démontrer que c'est pas lui qui va gagner.

— C'est ce que je fais ce soir, m'sieur, mais il m'a fallu encore bien des drames pour m'y résoudre. Et surtout le pire.

— Ah ! non, s'insurge Maman, on avait dit qu'on parlait plus de ces blessures-là.

— Il faut bien, si on veut être complet.

— D'accord, mais sans s'attarder.

— O.K., Maman, je vais faire le plus bref possible.

Quand les gendarmes, qui avaient ramassé mon fils le 15 juillet 1990 au petit matin, m'ont prévenu, ils m'ont dit qu'ils n'étaient pas certains de son identité, vu qu'il n'avait aucun papier sur lui.

— Il serait bien que vous veniez reconnaître le corps, m'ont-ils dit avec le ton compassé d'usage.

— Je crois que je n'en aurai pas la force…, ai-je articulé avec peine. Décrivez-le-moi, ce sera déjà ça.

Et ils m'ont récité *L'Homme à la moto.*

— Des bottes de moto, un blouson de cuir noir… Il y a un aigle sur le dos.

Voilà pour le plus grave.

Et puis, il y a eu tant d'autres interférences après. Trop pour toutes les énumérer. Alors, je vais ne t'en citer que certaines, comme ça, vite, en vrac, parce que ce serait trop long et que surtout les doigts commencent à me peser. Ça devient de plus en plus douloureux de remuer tout ça.

— Simplifie, c'est vrai que ça peut être lourd, mais va jusqu'au bout, me conseille Maman. Quand tout sera digéré, je te jure que ça ira mieux.

— D'accord. Je fais pas à la carte. Juste le menu.

Hors-d'œuvre :

Quand j'ai évoqué la « malédiction » pour la première fois dans un de mes livres, c'était *Isatis.* J'écrivais encore à la main. Dans un hôtel de luxe de la Côte d'Azur, je venais de mettre la dernière touche à mes premières confidences sur le phénomène Piaf. Avant de m'endormir, j'ai allumé la télé. *La Chance aux chansons*, en rediffusion tardive. Charles Dumont chantait *Mon Dieu.* Le volet roulant de la terrasse s'était bloqué, laissant passer un grand jour. J'y ai mis la main pour l'enclencher. Dans un bruit terrible de ferraille, il s'est soudain abattu et m'a pulvérisé la main droite. Celle qui venait d'écrire. Trois broches et quinze points de suture au pouce.

Plat principal :

Christelle Chollet a un talent fou. Dans son spectacle « L'empiaffée », elle arrange Piaf à sa sauce avec une énergie étourdissante. Son producteur, à qui j'avais expliqué mes réticences à la faire passer dans mes émissions et leur pourquoi, comprenait parfaitement mes réserves.

— Jette quand même un œil sur le DVD, pour le plaisir au moins.

C'était en octobre 2008. J'ai craqué devant tant de génie. J'ai demandé le numéro de téléphone de la surdouée.

— Allô, c'est Patrick Sébastien, je suppose que ton producteur t'a expliqué ?

— Oui, je sais, la malédiction… Mais je ne vous en veux pas, je comprends.

Bip… Bip… Double appel…

— Je ne peux pas être long, on m'appelle. Voilà, j'ai regardé, c'est génial, je te prends dans la prochaine des *Années bonheur.*

J'ai raccroché à la hâte. L'auteur du double appel avait raccroché aussi. Une heure plus tard, le professeur de la clinique où était soignée Maman pour sa maladie de Vaquez était au bout du fil.

— Quand j'ai appelé il y a une heure, c'était occupé. Voilà, enchaîna-t-il après une longue inspiration, vous m'avez demandé de ne rien vous cacher sur l'état de santé réel de votre maman. Je suis désolé de vous le dire, mais c'est sans espoir. Un mois, deux tout au plus, mais il faut vous préparer au pire.

Dessert :

Tu te souviens de l'église troglodyte de Gluges ? Mais si, je t'en ai parlé avant de te raconter le troisième avertissement de Maman pour mon cancer. La chambre, la gastro-entérite, le docteur, etc. Je t'avais confié qu'étant en vadrouille nocturne au bord de la Dordogne, c'est en passant devant cette église que j'avais repensé à Amandine et que je m'étais empressé de rentrer pour attaquer l'écriture. C'est idiot, mais je me suis dit quelques jours plus tard qu'il y avait peut-être un signe là aussi. Alors, j'ai cherché.

Tu parles d'un signe !

Cette petite église perdue dans le Lot, à quelques kilomètres de mon antre, collée à la falaise qui prolonge la terre où est plantée ma maison, possède des vitraux rares. Ils ne sont pas d'origine. Ils ont été offerts il y a une cinquantaine d'années par une artiste de passage. Tu peux vérifier, le fait est exact, même si je n'ai pas pu en connaître les raisons précises. Est-il besoin que je t'écrive le nom de cette chanteuse célèbre au nom d'oiseau qui a fait ce cadeau ?

Entrée, plat principal, dessert…

Et là, stop !

On arrête provisoirement de raconter le passé, on revient à l'instant. On est le 21 juillet 2010, il est exactement 4 h 33. Je suis sur la terrasse de la villa. Pendant une heure, j'ai discuté avec mon pote Pierrot, la gorge nouée et un énorme poids sur la poitrine.

— Tu m'as demandé mon avis, je te l'ai donné, m'explique-t-il. Tu ne peux pas arrêter d'écrire. Dédée est avec toi. Tu as raison, il faut exorciser, quoi qu'il vienne de se passer.

Ce qu'il vient de se passer m'a fait hésiter pendant deux heures, non seulement à arrêter d'écrire, mais à effacer tout depuis le début.

À une heure et demie, nous étions sur la terrasse à deviser, Pierrot, Nana et moi, sur la vie, l'avenir. On parlait de Lily, endormie au rez-de-chaussée. On s'enflammait sur l'éducation à lui donner pour qu'elle ne soit surtout pas une enfant gâtée.

Soudain, la nounou a surgi :

— Venez vite, madame, Lily ne va pas du tout.

On s'est précipités. Lily était en nage. Brûlante. Elle parlait sans arrêt. Même si c'est encore un bébé, c'était comme un délire d'adulte. Presque quarante de fièvre. Au bout de deux minutes, Nana a dit, tremblante :

— On va à l'hôpital, c'est pas normal. On dirait que c'est pas elle.

Lily contractait ses bras et ses jambes. Elle convulsait. Elle parlait en flot ininterrompu. « Ma tête est cassée » nous a fait dresser les poils sur les bras. On a embarqué au plus vite, direction l'hôpital des Broussailles. Pendant le trajet, outre l'inquiétude, je n'ai pensé qu'à ce putain de chapitre que j'avais laissé en plan avant le dîner. La « malédiction ». L'« exorcisme ». J'y pense encore. J'en frissonne même. Et pourtant j'écris.

À l'hôpital, le diagnostic a été une hyperthermie due à un virus, probablement. On l'a transportée dans une petite chambre, tout doucement, elle a commencé à redevenir plus calme.

— Il peut arriver qu'il y ait des délires de fièvre chez les bébés, nous a rassurés l'infirmière. C'est impressionnant, mais pas forcément grave. La fièvre commence à retomber. Vous pouvez rentrer, mais n'hésitez pas à appeler le SAMU si ça se reproduit.

Et j'en suis là.

Encore bouleversé. L'ordinateur sur les genoux, j'écris machinalement ce qui me passe par la tête. Lily dort contre sa maman dans notre lit. Je vais aller les rejoindre. Je ne me sens pas très bien. Coupable forcément. Même si Pierrot m'a rabâché que c'était seulement un incident. Une poussée de fièvre comme il y en a tant chez les enfants. N'empêche, toi qui sais dans quelles conditions et pourquoi j'ai attaqué ce chapitre, tu dois sans peine imaginer ce qui défile dans ma tête. Lily n'a jamais fait de telles crises. Et là, en plein milieu de l'« exorcisme », elle nous a échappé quelques instants. Je m'en veux d'avoir écrit tout ça. D'écrire encore. Je ne sais pas ce qui m'y pousse. À tout à l'heure… Ou à demain… Je ne sais pas…

Bon, allez, on repart.

On est le lendemain. Lily va mieux.

— Tu as eu tort de t'affoler, me dit Maman calmement. Tant que je suis là, il ne peut rien arriver de grave.

— D'accord, mais j'ai eu franchement peur. Ça a été si brutal. Lily n'est pour rien dans tout ça, c'est un bébé, je ne voudrais pas qu'à cause de…

— Et si c'était justement le contraire ?

— C'est-à-dire ?

— Et si c'était le signe de la fin de la « malédiction », justement parce que Lily est arrivée ? Et si, comme dans *L'Exorciste*, l'« oiseau de malheur » s'était définitivement envolé au moment des convulsions ? Elle va bien, non ?

— Oui, elle va très bien. Elle est même encore plus câline avec moi.

— Tu te souviens du coup de téléphone de ta copine Évelyne Adam ?

— Bien sûr.

— La réponse est peut-être là.

Évelyne, animatrice de nuit sur France Bleu, tient la main de ses auditeurs depuis des années. Une sincère, une douce, une plus que vraie. Elle m'a téléphoné quelques jours après la sortie de *Tu m'appelles en arrivant* :

— Écoute, c'est fou. Je venais de fermer ton livre après que tu as parlé de ta « malédiction ». En le plaçant entre d'autres sur une étagère, il y en a un qui est tombé. Tu vas pas me croire, c'était un livre sur la vie de Piaf.

— Oh ! que si, je te crois, et je vais t'avouer que ça ne me surprend même pas.

— Attends, c'est pas fini. Je l'ai ramassé et, dans mes mains, il s'est de lui-même ouvert à une page. Tu savais que Piaf avait fait une opérette ?

— Non.

— Là je pense que le titre va te surprendre. L'opérette s'appelait : *La P'tite Lili.*

Maman avait raison. Il fallait aller au bout. J'y suis. Rien ne me pèse. Rien ne m'oppresse. Lily dort paisiblement. L'oiseau noir a dû s'envoler. Je suis sûr qu'Édith ne reviendra plus. Jamais. Je vais pouvoir la réécouter sans crainte. Allez, on commence... Padam... Padam... Padam...

Je regarde Maman tourner sur la terrasse. En robe d'avant. Jeune. Si belle.

— Il danse bien, Gabin ?

— Merveilleusement bien, me répond Maman, aérienne.

Le jour se lève sur la baie de Cannes. Il va encore faire beau. Tant mieux pour Lily ! De toute façon, le temps d'ici m'importe peu puisque je repars en escapade de saltimbanque. Ce que je préfère. Mon vrai métier. Baladin. De place en plage. De l'autre côté de mon miroir. Pour être, de-ci de-là, une heure, une heure seulement, beau et con à la fois, comme disait le Belge. Je pars seul, comme toujours. Enfin, juste avec Maman en bandoulière. Si elle arrive à quitter les bras du Moko.

— Tu viens avec moi quand même ?

— Bien sûr, mon petit.

— Même s'il te dit : « T'as d'beaux yeux, tu sais. »

— Même si !

Ça doit être ça, une vraie mère.

Quelqu'un qui nous accompagne toujours et qu'on n'accompagne qu'une fois.

À la fin.

Hélas !

LA FOUDRE ET LA BRUME

Ils se sont agglutinés dès sept heures du soir. Par grappes. En colonie. À dix heures, ils étaient plus de vingt mille. Des fourmis autour du pain d'épice. Impatients. Venus par curiosité ou par passion. Enthousiastes. Dissipés. Hurleurs. Ils ont ri, chanté, dansé, applaudi.

Que du bonheur ?

Non, bien plus que ça.

Une communion païenne que rien ne peut égaler. Ma vraie vie n'est que là. Le temps du show. Papillon épinglé plein cadre. Cerné de projecteurs. Si loin de la télé des studios. Là-bas, les lumières éclairent seulement. Ici, elles irradient. De Picard au bio. Du surgelé au surchauffé. C'est tout le paradoxe des milliers de flashs de portables qui leur immortalisent l'instant : Y a pas photo ! Le bonheur est dans le « près ». Le tout près d'eux. Décalqué même, quand je descends dans la foule pour me fondre, faire corps.

Ils me réclament du gai pour oublier leur triste.

Alors, je leur débite mes scies. En verbes longs. Je « tournelesserviettes », je « pourvuqueçadure », je « petitbonhommeenmousse »… Les dix-huit musiciens de l'orchestre de René Coll les éclaboussent de notes gaies. J'imite, je parodie, je déglingue, je surjoue, je vocifère, j'ironise, je m'attendris parfois le temps d'une nostalgie et, une pirouette plus tard, je repars dans le trépidant, le léger, le futile.

Ça s'appelle un spectacle populaire pour vacanciers d'été. De la lie artistique pour les puristes. Rien que de la gaudriole bon marché, du sous-art mineur, pour les perfectionnistes. Mais le bonheur a-t-il un sceau, l'émotion une griffe ? Le public averti de la cour du palais des Papes en Avignon est bien plus raffiné, certes. Mais je n'en démordrai jamais : la populace est d'une noblesse rare. Elle a l'intégrité des gueux. Elle ne se force jamais à aimer. Elle acclame ou elle hue sans arrière-pensées. Le cul n'est pas scellé au siège. Le cœur n'est pas dépendant de la bonne conscience.

Je les aime vraiment, avec leurs rires sonores, leurs gueulantes, leurs battements de mains à contre-temps. Avec leurs casquettes Pepsi, leurs pliants de plage, leurs minots perchés sur les épaules. Je les aime, penchés aux fenêtres et aux balcons de tout autour. Je les aime avant, pendant et même après quand ils me supplient de les « autographer » sur le bras ou sur un morceau de papier gras.

Je les aime parce qu'ils m'aiment.

Parce qu'ils me le crient, et que eux, je les crois.

Alors, je leur donne tout, et même, en point d'orgue, bien plus. Après la furie, les tempos festifs, les mots grossiers et les mélodies faciles, je les « ensilence ». Chut ! Écoutez ce que je suis vraiment. Pourquoi je suis là et pourquoi j'y suis si bien.

Un paso doble de toréador démarre et je me lance :

Au nom de tous les miens,

Comédiens, saltimbanques, acteurs et musiciens.

Au nom de tous les miens,

Toréros de bonheur qui font la mise amour au milieu de la scène.

Au nom de tous les miens,

Ce soir, je rentre dans l'arène.

Je descends faire le fou, le minable ou le saint.

Je viens pour vous toucher ou pour vous provoquer,

Vous raconter ma vie, la vôtre, et faire rimer

Amour avec toujours, vos chagrins et les miens.

Mais je viens là surtout pour vous donner de moi

Le plus profond le vrai, mes angoisses et mes joies…

Dehors, il fait beau… hélas !

Alors, que sonnent les trompettes !

C'est pour dire : « Je vous aime »

Que je plante mon cœur au milieu de l'arène !

Bonjour, messieurs les gens, salut, belle inconnue !

Tu sais, j'en ai bavé, on m'a craché dessus.

Il m'a fallu du temps pour en arriver là.

Des bravos par milliers, des soirées de gala,

Et puis des solitudes et des tas de pourquoi.

Seul face aux picadors, aux assassins bien nés,

Pour qui faire le pantin est une absurdité.

Est-ce que c'est un bonheur ? Est-ce que c'est une fuite ?

Qu'est-ce qui nous pousse, nous, à courir aussi vite ?

Nous les marchands de rêves, les faiseurs d'illusions

Qui ne se montrent en vrai que derrière un faux nom.

Voilà ! Ça y est ! J'y suis !

La foudre et la brume

Avec vous, je suis bien. J'en ai tellement rêvé. Et aujourd'hui, je changerais pour rien… rien… Et même… Même.

Même s'il m'a fallu, les soirs de mauvais vent

Maquiller mes grimaces en sourires de géant.

Tiens, le soir où elle était partie avec un autre,

Je voyais son regard dans le moindre des vôtres.

Et je vous faisais rire, et vous m'applaudissiez.

J'avais un grand sourire et le cœur qui saignait.

J'ai dû puiser en moi des ressources inouïes

Pour gagner vos bravos quand je perdais ma vie…

Et puis ce jour où…

Mais c'est une autre histoire.

La pire des douleurs, le pire des départs.

Comment trouver les mots sans paraître indécent ?

Mais c'est bien ce soir-là que j'ai compris vraiment

Qu'au pire des moments il faut chanter quand même.

Et puis c'était ma seule façon de lui redire : « Je t'aime. »

Dehors, il fait beau… hélas !

Un jour, je pourrai plus, je n'aurai plus la force.

Et je m'endormirai sur mes rêves de gosse.

Je voulais tant l'avoir, ce frisson d'absolu,

Qui vous laisse en pâture le cœur et l'âme nus

À des mains inconnues des sourires de passage

Qui font de votre vie un éternel orage.

Rire, chanter, vibrer, vous voir taper des mains !

Et le plus important, le sourire des gamins.

Tu sais, à l'heure de m'endormir, pour mon dernier voyage,

Je suis sûr qu'à mes yeux le dernier paysage

Sera ce vaste champ de visages inconnus…

Alors, merci du fond du cœur, merci d'être venus !

Allez, tapez des mains ! Soutenez-moi encore !

Et merde à tous ces fous, tous ces marchands de mort,

Politiques, voyous, bandits de tant d'armées !

Ma seule guerre à moi, c'était de faire rêver.

Et je suis fier, oui, fier.

Au nom de tous les miens, comédiens, saltimbanques, acteurs et musiciens.

Au nom de tous les miens, contre la connerie !

Nous au moins, on a essayé de vous embellir la vie.

MERCI.

Et là, Brocéliande.

Tous en arbres droits. Une forêt magique de mains tendues. Et moi, l'enchanteur, soulevé, envolé au huitième ciel. L'orgasme de la scène est bien supérieur à celui du lit. Je déguste les acclamations. Pas question que je parte avant d'avoir complètement joui. Mourir sur scène est la pire des choses qui soit arrivée à Molière. Le « juste après » a une saveur si douce. Le calme qui suit la tempête. Ma solitude préférée.

Encore une fois, le plus vite possible, j'ai filé dans la nuit. Pas pour fuir la foule demandeuse de pauses photo ou d'autographes, mais pour me retrouver enfin avec moi. L'autre. Le petit garçon noyé dans son rêve. En voiture d'artiste rapide et confortable. Seul. Ma cerise sur le gâteau. La tête pleine de bravos, de cris et de musique. L'échine encore humide. Et encore une fois, j'ai plané. Ils ont un goût incomparable, ces moments-là. Je me suis fait une règle de ne les partager avec personne. Si ce n'est Maman, bien entendu. Quand elle était vivante, mon premier coup de téléphone était pour elle. Aujourd'hui, j'économise mon forfait.

— C'était merveilleux, me chuchote-t-elle.

— Tu parles de ta nuit avec Gabin ? lancé-je, amusé et sournois.

— Imbécile ! Non, je parle du spectacle. Je suis tellement contente de te voir véritablement heureux.

J'ai laissé passer un long temps et j'ai demandé :

— Qu'est-ce qu'on fout là ?

— Comment ça ?

— Qu'est-ce qu'on fout là, dans la grosse Mercedes ? Je viens d'être applaudi par vingt mille personnes qui connaissent mes chansons par cœur. Je suis connu de la France entière. Je suis un dinosaure de la télé. Toutes les stars que j'admirais sont des collègues de boulot. On baguenaude entre la propriété de Martel, la maison de Boulogne et la villa de Cannes, louée certes, mais villa quand même. Au début, on était que nous deux, sans rien, plus qu'ordinaires. Alors, je dis : « Qu'est-ce qu'on fout là et surtout, pourquoi nous ? »

La foudre a zébré le ciel.

— À cause de « ça » peut-être, a dit Maman en désignant l'éclair.

J'ai froncé les sourcils. J'ai cherché et, d'un coup, « ça » m'est revenu à la mémoire. « Ça », c'est une vieille histoire de présage qu'elle m'avait racontée. J'avoue n'avoir aucun souvenir des faits qui ont occasionné ces prévisions de sorcier. Et pour cause, je n'avais que deux ans.

Dans la petite maison de Juillac, faute de sanitaires, on me lavait nu, debout dans une bassine sur la table de la cuisine. Pour raison de chaleur écrasante, ce soir-là, portes et fenêtres étaient ouvertes en grand. Un risque en cas d'orage. La foudre adore les courants d'air. Mais bon, ça n'arrive qu'aux autres. Soudain, il y a eu un grand fracas et elle est tombée sur la maison.

Pendant des années, j'ai entendu ma grand-mère raconter inlassablement ce moment mémorable. Une boule de feu a traversé la pièce. Entrée par la fenêtre, elle est ressortie par la porte en passant entre les pieds de la table sur laquelle Maman me frottait au gant de toilette. Une grosse frayeur, mais pas de dégâts. Juste une traînée noirâtre sur le bois du sol.

Évidemment, l'incident avait fait le tour du village. Et c'est à cette occasion que le vieux sabotier avait affirmé avec force :

— Quand la foudre traverse une pièce où il y a un enfant, et qu'il n'est pas touché, c'est un signe de chance extraordinaire. Ça présage d'une destinée hors du commun pour le gamin.

Et il avait ajouté, pour rassurer un peu plus Maman qui n'en demandait pas tant :

— Ça sera quelqu'un, ton petit !

Cette histoire, Maman me l'a racontée à chaque nouvelle étape de ma carrière. Je l'ai toujours balayée d'une plaisanterie :

— Ben voyons ! Et le jour où je suis né, il y a eu une éclipse. C'est ce qui m'a prédestiné à être con comme la lune !

Je ne sais pas trop pourquoi, mais ce soir, j'ai envie d'y croire. Et pourquoi pas ? Ça ne m'étonnerait pas, d'ailleurs, que, dans le cadre des coïncidences, une boule de feu traverse devant la voiture au moment précis où je me remémore le présage. Et c'est à ce moment-là qu'un grand éclair m'a ébloui. Tu parles d'une « synchronicité » ! C'était un radar fixe. Comme quoi, les forces de l'occulte ont encore beaucoup de retard à rattraper sur les forces de la Gendarmerie nationale !

Le radar, c'était hier.

Aujourd'hui, on est le 24 juillet.

La route nous a ramenés à Martel, Maman et moi. Juste pour une journée de relâche. Le hasard (mais ai-je encore le droit de l'appeler ainsi ?) a posé des gitans sur notre route. Les gitans préférés de Maman. Ceux qui, le jour de son enterrement, sont venus faire pleurer leurs guitares dans l'église et jusqu'au cimetière parce que telle était sa dernière volonté. Chico et les Gypsies chantent ce soir à Rocamadour, à vingt kilomètres de la maison. Le seul jour de ce mois de juillet où mon chemin passe par là. Encore un clin d'œil. Une caravane de passage. Un rayon de soleil pour faire luire un peu plus la guitare en or qui pend à mon cou. Un cadeau de Chico justement. Sans arrière-pensée. Un passeport d'amitié qu'il m'a offert il y a longtemps, pour me signifier que je suis définitivement des leurs.

Ils sont si nombreux, ces signes forts qui nous rattachent à la « gitanerie », Maman et moi. En tout premier lieu, dès ma naissance, la mise à l'écart du village. Marginalisés, elle et moi, pour bâtardise incongrue. La suspicion, les ragots, les regards en biais des gens de bonne société. Et puis cet inaliénable goût des libertés. Toutes les libertés. La voyance aussi. À l'instar des gitanes aux pieds nus en foulards bariolés et colliers en toc, nous aussi on a appris à lire la bonne aventure dans la paume des mains. En les serrant. Grâce à ce que m'a enseigné Maman, je suis devenu extra-lucide. En deux mots. Je veux dire lucide au-delà du commun.

— La main, c'est la première carte d'identité, me disait toujours Maman. Celle du fourbe est moite, fuyante. Celle du prétentieux est incomplète, il ne tend pas tous les doigts. Méfie-toi aussi de ceux qui t'enserrent trop longtemps, c'est qu'ils ont déjà l'intention de te prendre quelque chose. Celui qui serre la tienne avec ses deux mains réunies mérite un peu plus d'attention, c'est probablement un vrai sincère. Et surtout n'oublie jamais, à la fin d'un marché, celui qui tend la main le premier est toujours celui qui a fait la bonne affaire.

Ça ne s'est jamais démenti. Dans un métier où l'on s'embrasse à foison, je reste un des rares qui serre encore des mains.

Par prudence gitane.

Et puis il y a eu *Sébastien et les gitans*, la dernière émission enregistrée l'avant-veille de la mort de Maman. Quand j'en revois les images, il y a quelque chose d'irréel, de magique. Quelque chose qui n'existe dans aucune autre de mes prestations télévisées. Maman, à bout de forces, voulait absolument en être. Quand j'ai quitté Martel, deux jours avant l'enregistrement, elle qui ne venait plus dîner à la table familiale depuis quelques jours trônait en bout. Maquillée, prête. Comme pour me crier sans me le dire : « Emmène-moi, et si je dois mourir là-bas, tant pis ! »

Je ne l'ai pas emmenée. La fête a été sublime. Tu sais quoi ? Je crois qu'elle était déjà là, en moi. Déjà partie, déjà enfouie au plus profond de mon âme. Le reste n'a été qu'une formalité oncologique. Une bagarre de praticien perdue d'avance. Une mascarade. Une obligation virtuelle. Une nuit d'épouvante pour m'endurcir le cuir. Un constat de décès, histoire d'inscrire une date au livret de famille.

Mais tout ça est si loin, déjà. Revenons à aujourd'hui et au merveilleux spectacle qui se prépare.

Elle y était, Maman, au premier concert de Chico et les Gypsies, quand ils ont inauguré, il y a dix ans, le festival des « Éclectiques de Rocamadour », initié par le grand Patrick. L'autre célèbre du coin. De Carolis. Mon ex-patron. Pas encore « ex » au moment où j'écris, mais ça ne saurait tarder. Dommage, je l'aimais bien, celui-là.

Pour le dixième anniversaire de l'événement, ce soir, la foule était compacte dans le théâtre en plein air au milieu des champs. Il y avait tout. Les guitares. La lune pleine. Les parfums du causse. Coco, ma sœur d'âme, assise près de moi. Et Maman, bien sûr. En sentinelle désarmée. On ne pouvait risquer que l'émotion absolue. Quand les hommes en noir ont entamé *La Vie en rose* revisité gipsy, on a souri, Maman et moi. Et puis juste après…

— Nous avons un grand ami dans la salle, a claironné Chico à une assistance conquise. Il fait partie de la famille, c'est un grand frère, j'aimerais qu'il vienne nous rejoindre.

Alors, je suis monté chanter *Mi nino* avec eux. La chanson que j'ai écrite pour Sébastien, dans laquelle je recommande son âme à sainte Marie de la mer. Sébastien, envolé sur la route de la Petite Camargue. Chez eux… Chez nous.

La fête terminée, vers deux heures du matin, j'ai repris la route vers mon antre de Martel. Dès les premiers virages de Montvalent, à dix kilomètres de la maison, j'ai commencé à apercevoir le nuage au loin. Teinté de rouge, comme d'habitude. Une lueur. Comme un feu. J'ai souri. C'était la quatrième fois depuis le départ de Maman qu'il apparaissait. Heureusement que l'année dernière Virginie, ma partenaire de théâtre, avait assisté au phénomène. Sinon j'aurais pu croire à une hallucination. Une illusion d'optique dictée par ma propension à voir des signes en tout.

— C'est quoi là-bas ? avait questionné Virginie.

—Je ne sais pas. Les lumières de Martel certainement. Peut-être une animation médiévale.

Quand nous sommes arrivés dans Martel, c'était éteint. Enfin, pas plus allumé que d'habitude. L'étrange lumière venait donc d'ailleurs. Mon antre d'Esclauzars est situé à deux kilomètres du village. Plus nous nous rapprochions, plus le halo semblait provenir de là-bas.

— C'est hallucinant, avait murmuré Virginie en arrivant devant la maison. J'ai jamais vu un phénomène pareil.

C'était une sorte de nuage de brume, légèrement teinté de pourpre. Ça aurait pu passer pour un banal phénomène météorologique. Mais la particularité était que le nuage n'enveloppait que la maison. Rien qu'elle.

Tout autour était clair, lumineux, étoilé. Même pas un minuscule nuage bas. Je suis resté seul sur la terrasse pendant un quart d'heure. Un quart d'heure à ne pas y voir à un mètre. Au bout de deux minutes, j'ai été humide de mille gouttelettes qui traversaient ma chemise d'été. De temps en temps, je me déplaçais vers la rambarde d'extrémité. Je sortais la tête de la brume, et là, tout autour, la campagne était dégagée, nette, merveilleusement inondée de la clarté de cette nuit de lune pleine.

Et puis, d'un coup, le nuage s'était enfui. Pas dissipé. Enfui est le mot exact. En à peine une minute, la brume s'était mise en mouvement et s'était éloignée comme poussée par un vent soudain qu'il n'y avait pas. Et plus rien. Ni au près ni au loin. Juste quelques gouttelettes accrochées au dossier de la chaise sur laquelle j'étais assis.

Ça, c'était l'année dernière, au plus chaud de l'été. Le phénomène s'est reproduit deux fois depuis, à l'automne et au printemps dernier. Toujours par une nuit de pleine lune. Et ce soir, en plein juillet 2010, ce soir de communion gitane, encore une fois la brume est venue noyer de ouate humide ma tanière. Et rien qu'elle.

Les autres fois, Nana et Lily étaient là. Cette nuit, je suis seul. Enfin presque.

— Alors, Maman, c'est quoi ?

— Moi, je sais, mais je vais te laisser deviner.

— Aide-moi quand même.

— D'accord. Est-ce que tu te souviens de l'image la plus forte que tu aies vue de cette terrasse ?

— Hélas ! oui. Le jour de ton enterrement, quand ils ont sorti ton cercueil de l'autre maison, celle d'en bas, celle du « socle », je me suis réfugié là. Le corbillard attendait sous un soleil radieux. Je n'ai pas eu la force de te voir quitter la maison de près. Alors, de là, je les ai regardés enfourner cette putain de boîte en bois lisse dans leur « voiture de livraison » couverte de fleurs.

— Est-ce que tu as pleuré ?

— Même pas. Et pourtant, j'avais des milliers de larmes en attente. Je les sentais bouillir en moi, mais pas une n'est sortie.

— Ça, c'est ce que tu crois.

Elle a laissé un temps et a murmuré :

— Tu commences à comprendre ?

Bien sûr que j'ai compris. Toutes ces larmes ont suinté. Elles se sont dispersées par les pores de ma peau. Maintenant que j'y repense, je me souviens que j'ai dû changer de chemise avant d'accompagner Maman. J'étais trempé. J'avais mis ça sur le compte du soleil qui tapait fort et de l'adrénaline, qui m'avaient mis en nage.

— Et ce nuage serait donc quoi ? reprend Maman.

— Les larmes évaporées qui reviennent en brume de temps en temps ? ai-je proposé.

— C'est ça.

— Mais pourquoi ?

— Pour te déculpabiliser de n'en avoir versé aucune depuis ma disparition, mon petit. Et ça, tu vois, c'est moi. C'est le seul signe matérialisé que je me permets de t'envoyer. Je ne serai jamais une apparition, jamais un craquement, un souffle de vent, un objet qui tombe, un trait de lumière dans l'obscurité, mais ça, j'y tenais.

— Pourquoi ?

— Parce qu'il y a une chose que je refuse absolument : que tu pleures pour moi. Je t'ai tellement aimé, tellement protégé de tous les malheurs. J'ai sacrifié tant de moments de ma vie, j'ai porté tant de poids, lutté si fort pour ton bonheur, que je n'ai jamais accepté et n'accepterai jamais que tu verses une seule larme de chagrin à cause de moi.

Ainsi parlait Maman, en plein cœur du nuage de brume.

Juste avant qu'il s'enfuie.

Ses mots n'étaient pas audibles.

Mais je les ai entendus.

Et toi qui me lis, bien loin de mon ressenti du moment, évidemment, tu doutes. Mieux que ça, tu raisonnes. Et comme je te comprends ! C'est tellement plein d'irrationnel toute cette histoire de nuage. Absolument pas crédible. Alors, logiquement, tu dois te dire :

— Bon, d'accord. O.K. pour le nuage de brume rougeâtre qui se pose uniquement sur la maison. Ça ressemble plutôt à un phénomène météorologique comme il y en a tant. Et je suis sûr que des techniciens du climat y trouveraient une explication plausible assez facilement. Mais soit ! Admettons l'irréel, l'inexplicable. Une manifestation mystique comme il y en a aussi beaucoup. C'est déjà faire une grosse concession au rationnel. Mais le coup des larmes qui reviennent en brume, excuse-moi, Patrick, mais là, on est juste dans le littéraire et la poésie. Très belle d'ailleurs. C'est vrai qu'on aimerait tant y croire.

— Mais je ne demande à personne d'y croire. L'essentiel est que moi, j'en sois convaincu.

— Eh bien voilà ! C'est plus honnête comme ça. Tu t'es inventé ce joli délire et ça te fait du bien d'y croire. C'est vrai qu'après l'émotion de la chanson pour le petit, la communion avec les gitans, on peut comprendre que ton inconscient prenne quelques libertés avec la réalité. Il faut bien rêver. Mais sois rassuré, même si on n'a pas marché au coup du nuage de larmes, on te suit dans ton dialogue imaginaire avec ta Maman. Ça nous renvoie à nos disparus à nous, et comme tu dis, on ne demande à personne d'y croire, l'essentiel est que nous, nous en soyons convaincus.

— Merci de votre bienveillance.

Il est cinq heures du matin.

Le soleil ne va pas tarder à se lever. Assis sur la terrasse, l'ordinateur sur les genoux, j'écris. Je défile sous mes doigts mes délires, vos suspicions. J'avoue ressentir une jouissance extrême à converser avec Maman. À rêver éveillé.

— À propos, me conseille-t-elle, il serait temps d'aller dormir. Demain, tu as un spectacle et sept cents kilomètres à faire avant de terminer l'escapade.

— On arrête le chapitre là ?

— Oui, mon petit. Et promets-moi que, dès le prochain, on revient à une réalité plus… comment dire ?… plus terrestre. N'oublie pas que le commun des mortels ne croit que ce qu'il voit. Il n'y a que les fous et les poètes pour ne voir que ce qu'ils croient.

— D'accord, Maman.

Je suis resté quelques minutes les yeux dans le vague, et je suis allé m'appuyer à la rambarde, le regard fixé sur la maison d'en bas. J'ai tout revu. Tout. La sortie du cercueil, les couronnes, les hommes en noir. J'ai même entendu à travers les murs épais du « socle » les soubresauts de la dernière nuit, le souffle haché, les cliquetis de l'appareil respiratoire.

L'horreur.

Le mauvais film.

Mes mains qui appuient la serviette sur sa bouche pour arrêter la mascarade. Ses yeux vides qui me supplient : « Ne fais pas ça, mon petit ! Pas pour moi, pour toi… Tu ne te le pardonneras jamais… » Et puis mes doigts qui se retirent, le visage qui s'apaise, la respiration qui reprend, et le cauchemar qui continue.

De quoi hurler.

Et pourtant, même pas une larme. Rien.

Alors, je suis revenu m'asseoir. La brume du nuage était encore en gouttelettes sur le rebord de ma chaise. J'ai passé le doigt et je l'ai porté à mes lèvres. C'était salé. Encore une fois, je ne te demande pas de me croire, mais…

C'était salé.

Je le jure.

DIESEL

Quel drôle de nom pour un ours !

Mais ce n'est pas uniquement parce que je l'ai acheté dans une station-service que je l'ai baptisé « Diesel ». Dans quelques lignes, je vais tout t'expliquer. En attendant, je veux juste te peindre le « plus beau moment de ma vie » du jour.

Diesel a posé ses grosses pattes marron en peluche sur le ventre de Lily. On « sieste » tous les deux pour la dernière fois à Cannes. Fini les « vacances ». Enfin, ce que les autres appellent des vacances. Pendant tout ce mois de juillet, j'ai écrit, composé, préparé les émissions de la rentrée. De ma base à ma base, j'ai fait des milliers de kilomètres pour aller enregistrer à Toulouse, chanter en Gironde, en Ariège. C'est ça, mes vacances.

Le travail, c'est ce qu'on n'aime pas faire. Moi, j'ai des loisirs rémunérés. Bien sûr, je transpire, je souffre, je me bats, je me débats, je joue ma vie à chaque virage pressé. Je dois composer avec les fourbes hiérarchiques, débusquer les sangsues et me remettre en question chaque jour. Je risque à chaque pas la guillotine de l'Audimat, le désamour du public et, pire, le déclin sans aucune chance de survie. Et alors, il est où le problème ? Y a pas de problème. C'est ma vie, et tous les matins, gris ou clairs, je me réveille en lui disant merci. Manquerait plus que je geigne ! C'est la moindre des décences. Et pourtant, dans la galaxie du show-biz, je croise tant de météorites, auréolées de tout, accablées de succès, rémunérées à l'excès pour du piètre, et miaulant quand même :

— J'en peux plus ! Tu te rends compte. J'ai fait trois télés dans la journée, un concert, et il a fallu que je me tape une séance de dédicace pour cinquante blaireaux. Et le pompon : le maquillage de la dernière séance photo m'a filé un psoriasis. C'est l'enfer.

J'ai envie de leur hurler :

« Mais c'est toi, l'enfer, gueule de rat ! Dégage ! Va te noyer ! Et encore non, les poissons ne méritent pas ça. Va te pendre, si tu trouves un nœud coulant où ta tête passe encore. Cafard ! Méduse ! Skonx ! Tu pues du cœur... »

Maman me secoue :

— Arrête ça tout de suite, ou c'est moi qui vais me mettre en colère !

— Mais c'est la vérité.

— Non, c'est « ta » vérité, et elle n'intéresse que toi. Je te l'ai déjà dit cent fois : l'insulte est une faiblesse. Elle sclérose le cœur. Tu crois abattre l'autre, mais c'est toi qu'elle écrase. Physiquement. Vois comme tu respires mal. Ton visage tombe et tes doigts se crisppent. La preuve, tu viens de mettre deux « p » là où il n'en fallait qu'un.

— T'as rason.

— Il manque le « i »...

— O.K., je me calme...

— Écris du beau, tu vas voir comme tu te sentiras mieux.

Et j'ai tourné la tête vers ma princesse endormie. Mon absolu. Ma dernière étoile filante. Parce qu'elle ne luira que trop peu avant que mon dernier jour se lève. Je voudrais arrêter l'été là. Que le rayon qui passe à travers le volet reste coincé, et que ça empêche le soleil de repartir. Dites à septembre de repasser en mars ! Pour qu'on ait des doubles nuits, des triples siestes, Lily et moi. Bloquez toutes les pendules avant qu'elle ne comprenne que la maison du petit homme de « pirouette cacahuète » est en papier. Et non pas en « panier », comme elle en est persuadée quand elle le chante à tue-tête dans le bain en jonglant avec les bulles de savon.

L'école va me la voler dans un mois et demi déjà. Satané cartable ! La première valise. Et le cahier de dessin, le premier passeport. Destination la vie. Et bientôt nos siestes ne seront plus que des escales. Pourvu qu'elle ne s'écorche pas trop les genoux sur le tarmac du préau. À peine sortie de l'avion, elle va déjà embarquer dans un autre. Alors, je profite du transit. Je me suis collé un peu plus à elle. Pas trop, pour ne pas la réveiller. Et puis, je suis bien obligé de respecter le sommeil de mon rival. L'autre. Ce singe difforme aux oreilles trouées. Je le balancerais bien dans les pales du ventilateur, le babouin, mais ça risque trop gros, l'assassinat d'un « doudou ». Au moins dix ans de rancune ferme, voire perpète.

Alors, je tolère l'intrus. Mais juste parce que c'est du chiffon. Pour ce qui est du premier garçonnet en chair et en osselets, ça va être une autre histoire. Je risque fort de la jouer médiéval. Château fort, muraille et douves. Faudra qu'il passe au large, le petit copain en tricycle ! Qu'il ne tente même pas le pont-levis, ou il va pleuvoir de l'huile bouillante. Non mais ! Un baiser pour un Bounty ? Ça va pas, non ?

— Ma Lily d'amour, tu ne vas quand même pas te pendre au cou du premier Picachu de quatre ans qui passe, les dents moins une et la houppette Studio Line ?… Si ?… Bon, d'accord, mais pas pour moins de six Kinder et trois Pingui !

Bien sûr que je ferai comme les autres. Je joue au pitt-bull comme ça, histoire de frimer un peu, mais une caresse sur la truffe et je n'aboierai même pas.

J'accepterai que l'importun devienne important... Mais bon, on a le temps. On n'y est pas encore. Une « deuxaine » d'années. C'est là que le regard des p'tits mecs commence à les enivrer. Normal, cinq ans, c'est un quart de vingt. Après, elle prendra de la bouteille et, contre cette ivresse-là, je ne pourrai rien. Je lui ferais bien tatouer « À consommer avec modération » sur le ventre, mais on dirait encore que je suis un père possessif. Moi, possessif ? Certainement pas. Amoureux seulement. Amoureux et très con. Ça va toujours ensemble.

Allez, pense à autre chose, Patrick.

Toujours endormie, elle vient de poser la tête sur mon cœur. Gaffe, il bat trop fort. Boum, boum, boum ! Rêve party. Cette musique d'amour que tu lui diffuses en ondes courtes, ça va finir par la réveiller. Chut ! Allez, raconte-leur l'histoire de Diesel.

La journée d'avant-hier devait être épuisante. Un plan de route de jeune homme, et je n'ai plus vingt ans, hélas ! Une chevauchée de mille kilomètres avec un spectacle au milieu. D'abord Martel-Saint-Girons. Ensuite, le concert, et enfin départ à minuit et demie direction Cannes. Seul au volant évidemment.

Je l'ai fait et je suis arrivé à destination frais comme un gardon. Maman m'y a bien aidé. Et pas qu'elle !

C'est vrai qu'au moment de prendre le volant après l'orgasme de scène, encore trempé de sueur et le souffle court de l'effort, j'ai eu droit aux réserves de rigueur : « T'es sûr que c'est raisonnable ? », « Y a quand même sept cents bornes, t'en as déjà fait trois cents dans la journée et tu viens de t'exploser pendant deux heures », « Bois au moins du Red Bull ! » Même pas. C'est mon vrai kif de tourner à rien. Une règle de basse-cour. Coke, c'est pour les poules mouillées. Poudre au nez, c'est poudre aux yeux ! Mes lignes, ce sont celles, discontinues, des autoroutes. Je me shoote à l'asphalte.

Qu'est-ce que j'en ai déroulé, du bitume ! Le plus souvent la nuit. Par tous les temps. Avec évidemment les accrocs de rigueur. Des pannes, des évitements de justesse et, bien sûr, des crashs. Quelques voltiges de cascadeur. Mais tout est écrit, comme tu le sais, et chaque fois, ce n'était pas la page où on note : « Fin. » Quelquefois, ça a été limite, limite. Une en particulier. L'occasion d'une « synchronicité » légère et amusante. En 1993. Je me suis envolé sur la RN 20 en aquaplaning. Tu te souviens, Maman ?

— Oh ! oui, on t'a récupéré avec la tête ouverte, une dorsale cassée, et le corps entier couvert d'hématomes. Un Schtroumpf !

Je rentrais de la conciliation de divorce avec ma troisième femme. On s'était séparés quelques mois auparavant. En fait, elle m'avait séparé. J'avais passé le voyage à énumérer toutes les raisons pour lesquelles elle m'avait dit de partir. L'usure du couple, bien sûr, mais surtout mes dévergondages, et cette application à ne jamais suivre le droit chemin. Et j'ai quitté la route à Vatan. Rigolo, pour un mec qui vient de se faire jeter, de s'envoler à « Vatan ». Histoire de m'envoyer en l'air encore une fois. Et sans protection, comme d'habitude. Je veux dire sans ceinture.

Je me souviens d'avoir souri de ce « Vatan » planté sous mes yeux en panneau indicateur, alors que je dégoulinais de sang, chancelant dans le fossé. Je n'oublierai jamais le premier automobiliste qui s'est arrêté. Il titubait plus que moi. Complètement soûl, il a fait dans l'admiration :

— Putain, la culbute ! Magnifique. J'ai rarement vu une bagnole monter aussi haut. On peut dire que t'as du cul, mon gars…

Et soudain, il s'est figé…

— Oh ! dis donc, je le crois pas… C'est Patrick Sébastien. Quel dommage !

Enfin de la compassion… Pas longtemps.

— Quel dommage, a-t-il répété.

Juste avant d'ajouter, contrarié :

— C'est con, j'ai pas mon appareil photo !

Mon petit lutin farceur, à l'affût de la moindre concordance humoristique, m'a soufflé que c'était quand même un comble que ce soit un mec plein de vin qui me ramasse après trois tonneaux. Ça n'a pas calmé les douleurs, mais ça m'a aidé à dédramatiser.

Chaque fois que je prends le volant en solo, pour ces longs parcours, je connais le risque. J'en ai tant croisé, en bordure, des caravanes défoncées, des camions encastrés. Et des motards projetés, qui, tu t'en doutes, me renvoient à chaque fois à la pire image qui puisse me hanter. Cependant, cette nuit-là, entre Saint-Girons et Cannes, je savais que rien ne pouvait m'arriver. Maman en saint Christophe, plus présente que jamais, je ne risquais même pas l'assoupissement léger.

Alors, je lui ai dit :

— Et si on la dézinguait définitivement, la « malédiction » de Piaf ?

— Mais elle est déjà anéantie, m'a-t-elle opposé.

— Alors, juste un contrôle de routine, pour être sûr.

À la première station-service, j'étais certain qu'il y serait. Et il y était. Gris et noir, avec l'ombre de la dame en photo. Dans un recoin de la boutique, entre la gondole à Nuts et les cartes de voyage. Un beau CD à prix sacrifié. Avec tout ou presque. *Milord*, *L'Hymne à l'amour* et même *Les Trois Cloches*. Je l'ai enfourné dans le lecteur de la voiture et j'ai démarré, le sourire aux lèvres.

— Allez, vas-y, ma belle, montre ce que tu sais faire !

Un kilomètre plus loin, aux premières gouttes de pluie, j'avoue que j'ai eu un léger pincement. Mais sans plus. Carcassonne, Narbonne, Béziers, tranquille. Même pas un routier espagnol qui déboîte à l'aveugle, comme ils le font toujours. *Hijos de puta !* À la hauteur de la sortie « La Grande-Motte », un autre pincement. Mais rien à signaler. Calme plat. Mieux, une pêche d'enfer ! Détendu, euphorique, chantant même à tue-tête *Mon manège à moi.*

Arrivé à la dernière station-service avant Cannes, le clignotant de la jauge m'a invité au ravitaillement. Je me suis dit que le test avait été concluant et qu'il n'était pas besoin de rapporter l'« oiseau » dans mes bagages. J'ai donc jeté dans la première poubelle le CD de la Môme, avant de faire le plein. Clap de fin. Pas de malédiction pour aujourd'hui.

C'est ce que je croyais.

Je suis allé régler à la caisse en boutique. Le gros nounours en peluche me tendait les bras. Voilà un beau trophée de chasse à rapporter à ma Lily d'amour ! Je l'ai payé, désétiqueté, et je suis sorti avec le sourire fier et imbécile des papas gâteux.

De l'autre côté de la pompe où stationnait ma voiture, un homme s'agitait. Dès que je suis arrivé à sa hauteur, il a lancé, très énervé :

— Connard, mais quel connard !

Le saltimbanque est aimable, mais l'homme est susceptible.

— C'est à moi que tu parles, ducon ? ai-je envoyé sur le même ton.

L'homme s'est immédiatement confondu en excuses :

— Ah ! non, pas du tout ! C'était pas pour vous, monsieur. C'était pour moi. Je me suis trompé, je viens de mettre du diesel au lieu du sans-plomb.

Là, j'ai compati. Ça m'est déjà arrivé, c'est une galère noire. Il faut tout vidanger, et sur l'autoroute, en pleine nuit, il vaut mieux avoir des sacs de couchage.

— Je peux vous aider ? ai-je proposé.

— Je crois pas… Et encore une fois, excusez-moi pour les insultes, vous n'y êtes pour rien.

Je n'ai pas osé lui dire que j'y étais peut-être pour bien plus que ça. Du coin de l'œil, je voyais briller sous les spots crus l'angle du CD maudit, de son côté de la pompe, à un mètre de son réservoir.

— Tu vois, a soufflé Maman, c'est fini. La « malédiction », c'est pour les autres, maintenant.

Je n'ai pu m'empêcher de sourire. En culpabilisant un peu tout de même. Un bonheur ne peut se satisfaire uniquement du malheur des autres.

Et c'est à ce moment-là qu'une dame est sortie de la voiture. La femme du maladroit. Les yeux écarquillés et un immense sourire malgré le « drame dieselique ».

— Ça alors, Patrick Sébastien ! C'est formidable. Je rêve.

Le mari, d'un coup sorti de son cauchemar, a percuté à son tour.

— Mais c'est vrai… Alors ça ! Ma femme vous adore… C'est même plus que de l'adoration, vous pouvez pas savoir. Elle vous suit depuis vos débuts. Elle a tout. Écoutez…

Et il s'est précipité sur l'autoradio pour enclencher un *Tournez les serviettes* de circonstance. La musique arabisante m'a renvoyé immédiatement à l'essence « halal » dont le brave homme venait d'être l'innocente victime.

— Ça fait une heure qu'on vous écoute… Et on tombe sur vous… Quelle coïncidence !

La femme m'a sauté au cou et, après m'avoir copieusement embrassé, m'a lancé, tout heureuse :

— Il est au fond de la malle, mais je vais le retrouver et vous allez me le dédicacer.

— Quoi ?

— Le livre sur votre Maman… Ça fait deux fois que je le lis… Merci.

Et, en une seconde, elle est passée du grand sourire aux yeux mouillés.

— Moi aussi, j'ai perdu maman en novembre 2008, vous pouvez pas savoir le bien que vous m'avez fait.

Malgré mes réticences gênées, elle a déballé pratiquement tout le contenu du coffre avant d'extraire du fond d'un sac de plage un exemplaire déjà usé de *Tu m'appelles en arrivant.*

Au moment de signer, je n'ai pas pu m'empêcher de libérer ma conscience. Ils étaient tellement chaleureux, tellement sincères, que je ne pouvais pas garder pour moi la part de responsabilité que je m'attribuais dans leurs déboires pétroliers. J'ai tout raconté. La « malédiction », que la dame connaissait évidemment. Le CD de Piaf. La poubelle.

Elle m'a regardé dans les yeux, en me prenant les deux mains.

— Mais non, c'est pas à cause de vous tout ça. Ni même à cause de Piaf. C'est mon mari. Il est comme ça, il attire les emmerdements. C'est régulier. Je suis habituée. S'il y a un gravillon, c'est pour lui. Regardez le pare-brise. Il est déjà fêlé à deux endroits. En huit cents kilomètres, faut le faire, non ?

Le mari, résigné, hochait la tête.

— Mais c'est aussi pour ça que je l'aime, a-t-elle enchaîné. On s'est rencontrés en se rentrant dedans en voiture. Comme on s'est retrouvés au même hôpital, on a sympathisé. Et ça fait trente ans qu'on est heureux. Chaque fois qu'il y a un souci, et Dieu sait qu'il y en a, ça débouche toujours sur un bon moment. Là, ça faisait une heure qu'il piquait du nez, mais il voulait absolument tirer jusqu'à Menton. On va en Italie. Ça va le forcer à dormir. Qui sait ce qu'il serait arrivé ?

Elle a laissé encore un temps et m'a regardé profondément dans les yeux.

— Je connais toute votre vie, tous vos malheurs. Je peux me permettre de vous le dire. Vous me faites rêver, alors, je peux bien vous aider à mon tour. Il y a toujours un bien pour un mal. Toujours. Allez, encore une bise et prenez soin de vous, on vous aime.

« Il y a toujours un bien pour un mal. »

La phrase m'a accompagné le reste du voyage. Elle a réveillé le plus violent de mes souvenirs d'avant-gloire. Le plus décisif, surtout. Une nuit d'intense brûlure, de coups, de cris, de sang. Une nuit de mal qui m'a fait tellement de bien.

C'était en juin 1973.

Depuis quelques mois, mon jeune mariage battait de l'« elle ». Elle, c'était une petite vendeuse qui m'avait détourné la peau et le cœur. Je vivais en clandestin une de ces histoires d'amour qui vous bouffent tout. Une passion de province comme il en existe tant. Les cachettes, les mensonges, les alibis pour des étreintes de parking, de chemins creux, de soupentes de copains complices.

Et puis des rires. Beaucoup de rires. Mes premières clowneries pour elle. Mon premier béret sur la tête. Mes premières parodies. Pas le moindre soupçon d'envie d'en faire un métier. Non, juste le besoin d'amuser, de partager le délire entre deux tendresses, deux balades ou deux orgasmes. Et petit à petit, ce que je ne croyais être qu'une cavalcade de plus, un encas un peu plus sucré que les autres, avait dégénéré en indispensable.

Maman tenait le Turenne, cette taverne merveilleuse que je t'ai peinte dans le livre d'avant. Elle nous y abritait sans jugement ni états d'âme. Elle n'avait rien contre mon épouse officielle, bien au contraire, mais elle connaissait tellement les méandres du cœur qu'en aucun cas elle ne m'aurait dissuadé de vivre l'instant. Quand plus tard ma belle-famille lui reprochera, avec raison, cette complicité, elle argumentera à sa manière :

— C'est pas en mettant une muselière à un chien qu'on peut l'empêcher de remuer la queue !

En mai, le rugby m'avait emmené en tournée en Afrique du Sud. Et même là, en plein cœur de mon rêve de gosse, dans le pays temple de l'ovale, la photo de ma dulcinée ne quittait pas ma table de chevet. Don Quichotte et sang chaud. Amoureux, raide dingue, morgan, accro, enfin tout ça. Je me souviens même un soir d'avoir extériorisé l'immense déprime de la savoir si loin, en cassant tout dans ma chambre d'hôtel de Johannesburg.

Ma nature était violence. Alors, tout ce qui me contrariait passait par ça. Les stigmates d'une jeunesse de costaud, d'un sport qui cabossait, d'un perpétuel besoin crétin de se prouver qu'un homme, c'était d'abord des poings. Je ne comprendrai que bien plus tard que les coups que l'on donne nous amochent bien plus que les coups que l'on prend. La bagarre est animale. Quel qu'en soit le motif, elle nous dégrade dans l'échelle des espèces. « Bats-toi, si t'es un homme ! » Eh bien, non, justement ! C'est quand tu te bats que tu n'en es plus un.

Au retour, la belle était toujours aimante mais plus distante. Sans qu'elle m'ait avoué quoi que ce soit, mon instinct pressentait la trahison. Il s'était sûrement passé quelque chose. Traduis : il était passé quelqu'un.

Et ça a été les nuits d'interrogatoire. Tous les vrais jaloux ont connu ça. Les serments forcés sur la tête de toute la famille, les hurlements, les planques, les pièges. La toile tissée de mille fils tendus. Et, au petit matin, l'oreiller qui finit par calmer les soupçons juste le temps d'une étreinte encore plus écorchée. Encore plus chaude. Les meilleures.

Elle a fini par craquer un soir de grosse chaleur. Au bout de l'inquisition, elle a planté le poignard :

— T'as raison. J'ai couché avec un autre. Mais je te jure que c'étaient deux ou trois fois seulement. Aujourd'hui, c'est fini.

Quand on hésite entre deux ou trois, c'est que c'est sûrement plus de quatre. Ça, c'est la vie qui me l'apprendra plus tard. Je me suis contenté de ce compte imprécis qui m'assommait déjà suffisamment. C'était un musicien d'orchestre de bal. En plus. Un de ces enchanteurs illuminés sur les slows desquels on allait se lover sur les parquets de campagne. Un fragile, un maigrichon, un drogué sûrement. Elle avait fait la synthèse toute seule. Elle était allée « slover » sans moi, pendant que je me faisais piétiner par les Boers sur les pelouses du bout du monde. Et moi, tu penses, le sportif, le rude, l'homme, le vrai... Imagine la claque à l'orgueil !

Après avoir promis d'exploser la tête du culbuteur de groupie avec son instrument, je suis parti me noyer dans un bar. J'ai défoulé ma colère sur un flipper en m'imposant une vodka-orange à chaque partie. On n'imagine pas à quelle vitesse les « *game over* » se succèdent. En une demi-heure, j'étais incandescent. D'ivresse, de haine, de violence contenue. Il y a eu bagarre, évidemment, avec le premier venu. Sans réel motif. De la traditionnelle. À l'ancienne, juste aux poings et aux pieds. Du baston d'époque, sans lame, sans même tesson ou barre de fer. Une formalité. Police secours. Urgences. Suture. Et Maman est venue me récupérer en lambeaux de partout.

Dans l'arrière-salle du Turenne vide, il y a eu explication sévère. Elle m'a assené les vérités d'usage. « Une de perdue, dix de retrouvées. » « La vie continue. » « Personne ne mérite qu'on se mette dans des états pareils. » « Il y a les maladies, les accidents, les deuils, et ça, c'est plus grave. » Enfin, les consolations traditionnelles totalement inutiles.

C'est là que, démonté par le chagrin et l'alcool, j'ai eu le tort de lâcher la phrase qu'il ne fallait pas.

— De toute façon, vous êtes toutes pareilles !

Maman a bondi.

— T'es gentil, tu ne me mets pas dans le même sac !

— Et pourquoi pas ? Vous pensez qu'à votre plaisir, et les conséquences vous vous en foutez.

Son œil est devenu noir.

— Ça veut dire quoi ?

J'ai ouvert les vannes.

— Ça veut dire que j'ai pas demandé à venir sur terre comme ça. Ça fait vingt piges que j'en prends plein la gueule parce que j'ai pas de père. De toute façon, on m'a toujours abandonné et on m'abandonnera toujours. Et j'aurai une vie de merde à cause de ça. Mais quand tu t'es allongée dans le jardin du curé, t'y as pas pensé, à ça. C'est ton plaisir qui comptait, pas mon bonheur !

J'en ai pris quatre. Bien appuyées. En allers-retours qui m'ont fait rebondir la tête contre le mur. Quatre gifles énormes qui m'ont bien plus sonné que les coups de poing d'avant.

— Petit con ! Jamais tu me juges, t'entends, jamais !

Elle criait en pleurant.

— Mais pour qui tu te prends ? Tu crois que parce que tu culbutes les filles et que tu joues au rugby, t'es un homme. Tu crois que tu connais la souffrance parce que t'as eu quelques bleus et un malheureux chagrin d'amour. Ça fait vingt ans que je te porte, que je me bats pour que tu sois un mec bien, et tu viens me cracher dessus. Redresse-toi !

J'étais en fœtus sur le carrelage.

Elle a hurlé :

— Redresse-toi, j'te dis.

Elle m'a attrapé par le col et m'a hissé à hauteur de ses yeux, comme dans un combat d'hommes.

— Que tu m'insultes, c'est une chose. Ça, je pourrai toujours te le pardonner. Mais je t'interdis de te rabaisser. Tu n'auras une vie de merde, comme tu dis, que si tu le décides. Ça ne tient qu'à toi d'en avoir une autre. À toi seul. Je ne veux plus jamais te voir comme ça. Moi, j'ai jamais lâché, jamais renoncé. Tout ce qui fait mal, c'est fait pour faire du bien. Tous les coups doivent te rendre plus fort. Parce qu'on vient d'un monde où on n'a pas le choix. Dans les beaux quartiers, ils peuvent pleurer sur eux, ils ont les moyens. Pas nous.

Elle m'a collé au mur.

— Tu vas rester là. Comme ça. Debout. Je t'interdis de t'asseoir jusqu'à ce qu'il fasse jour. Je sais que t'es épuisé, mais tu vas tenir. Et bats-toi contre toi. Les images d'elle en train de baiser avec son musicien, tu vas les voir cent fois. Jette-les chaque fois contre le mur d'en face. Imagine qu'elles éclatent et qu'elles s'écrasent par terre. Et ne plie pas. À aucun moment. Rester debout, ça fait grandir. Profites-en pour te remotiver. Imagine-toi grand sportif, grand dessinateur, ce que tu veux, mais dis-toi que rien n'est inaccessible.

J'ai juste murmuré :

— Oui, Maman.

Elle s'est assise, apaisée. On est restés un long moment sans rien dire. Et avant de sortir, elle a raconté à mi-voix :

— Tu ne t'en souviens certainement pas, mais quand tu avais trois ans, un soir, tu as vu un moineau sur la branche de l'acacia de la place de l'église du village. Tu voulais absolument l'attraper. Il a voleté, tu lui as couru après. Dès qu'il marchait, tu essayais de le capturer, mais il t'échappait toujours. Tu es rentré en larmes à la maison. Ton « père » passait par là. Le fait qu'il ne t'ait pas reconnu n'en avait pas fait un ennemi. Je ne lui en ai jamais voulu. C'était son choix. C'était sa vie… On est partis ensemble à la chasse au moineau. On a fini par en avoir un à l'épuisette. Dans le jardin du curé. Exactement à l'endroit où on t'avait fait, quatre ans plus tôt. Pour m'avoir aidée, il a demandé sa récompense. Il ne pensait qu'à ça. Les chiens ne font pas des chats. J'ai cédé. À contrecœur. Il s'est toujours donné du plaisir sans se soucier du mien. J'avais toujours un petit espoir qu'il change d'avis pour toi. Juste après, il s'est enfui comme ils s'enfuient tous quand ils ne viennent chercher que ça. En prétextant une urgence, sans même une caresse d'adieu. Et quand tu t'es réveillé, le petit oiseau mangeait de la mie de pain trempée dans du lait sur la table de la cuisine… Alors, ne me dis plus jamais que mon plaisir compte plus que ton bonheur !

Je suis resté cinq heures sans bouger, appuyé à la cloison. Parfois, la tête me tournait, les jambes me brûlaient. Mais j'ai tenu.

Pour elle.

Pour moi.

Au matin, elle m'a apporté le café et le journal sans un mot. Au moment de m'asseoir, je l'ai regardée dans les yeux pour y chercher une autorisation. Elle a juste hoché la tête en guise de consentement. Pendant dix minutes, elle a passé la serpillière et installé les nappes en papier.

C'est moi qui ai interrompu le silence.

— Je viens de lire dans le journal que, ce soir, il y a un radio-crochet sur la place de la Guierle. S'il suffit de monter sur une scène pour se taper la femme des autres, je vais y aller !

Et tout est parti de là.

Une vengeance de bal. Un défi de fanfaron pour une belle perdue.

Mes imitations de fin de banquet m'ont valu la deuxième place du concours. Et un premier vrai public. Jusqu'ici, j'avais amusé les potes, la famille, les filles. Leurs compliments étaient forcément bienveillants. Mais là, j'avais montré mon petit talent à des gens qui ne me connaissaient pas et ils avaient ri, applaudi. La coïncidence du radio-crochet qui avait lieu ce soir-là précisément a été déterminante pour ma vie d'artiste. Mais bien moins que la double paire de gifles qui me claque à la tête à chaque blessure.

J'ai revu le musicien bien plus tard, au hasard de mon chemin d'artiste. C'est devenu un ami.

J'ai divorcé de ma première femme pour aller vivre avec la petite vendeuse.

Elle m'a accompagné à Paris les cinq premières années de ma carrière d'« artiste-à-qui-il-suffit-de-monter-sur-une-scène-pour-se-taper-la-femme-des-autres ».

En vadrouille de saltimbanque, dans les villes-étapes, je me suis fait un point d'honneur à ne me « taper » que des femmes libres, pas celles des autres. Pour ne pas risquer de blesser un môme éperdu d'amour, pour une parenthèse d'un soir.

J'ai quitté la petite vendeuse pour une chanteuse.

Maman l'aimait bien. Peut-être en souvenir de la chasse au moineau. Elle chantait *L'Oiseau et l'Enfant.*

Elle sera mon deuxième grand chagrin d'amour. Et Maman me mettra un aller-retour (un seul), quand elle apprendra que j'ai voulu me suicider pour elle.

Tout se tient.

L'adage ne ment pas. À toute chose malheur est bon. J'écris aussi pour t'en convaincre.

Mon cancer m'a calfeutré à l'ombre pour te réchauffer de mes soleils. C'était ma mission de juillet.

Pour te claquer la gueule en aller-retour, au cas où, au moment où tu me lis, la vie te désespère. Reste debout jusqu'au matin. Même si la tête te tourne, même si les jambes te brûlent. Ne lâche rien. Tout se transforme. La vie est un casino. « Rien ne va plus ! » Mais seulement jusqu'à la boule suivante. Ce sont nos blessures qui nous bâtissent. Chaque pierre reçue doit servir à monter un mur. C'est ma bâtardise qui m'a fait prince. Chaque deuil m'a rendu un peu plus vivant. Chaque rupture était une marche d'escalier pour me conduire aux deux femmes de ma nouvelle vie.

L'une somnole encore dans les bras de Diesel.

L'autre prépare les bagages pour rentrer à Martel demain.

Y a-t-il une coïncidence particulière ?

Peut-être. Mais Maman va encore me dire que c'est Dieu qui l'a initiée.

C'est plausible.

Nana aussi a été conçue dans un jardin de curé.

LE BONHOMME DE NEIGE

— Maman ?… Maman ?…

Elle ne répond plus.

Pour la première fois depuis qu'elle est partie, elle n'est plus là.

Ce soir, j'ai joué *Le Kangourou* à Rocamadour. L'aventure a démarré il y a un an déjà. Il porte bien son nom, le marsupial. C'était un rebond. Après la mort de Maman, il me fallait un coup de ressort. Quelque chose de rare, d'authentique, qui fasse vibrer mes racines. Un contrepied de nez à ma détresse. Il fallait que je rie. Que je me déleste du fardeau. Alors, je suis allé poser mon surpoids de chagrin dans les coulisses de la toute petite salle du café-théâtre de Coco.

Coco est une âme sœur, je te l'ai déjà dit. Une amie, juste une amie. Je ne me souviens même plus de notre rencontre. Dans le temps, une quinzaine d'années. Dans l'absolu, certainement bien plus. Nous avons l'irréel en commun. Les signes, les prémonitions, une sorte de médiumnité qui nous est propre, qui nous fait appréhender, ressentir, partager des ondes indéfinissables.

Comédienne fatiguée des galères, elle m'a annoncé un jour :

— Je vais casser la boulangerie de mes parents pour en faire un café-théâtre.

— Un café-théâtre à Rocamadour, t'es complètement barrée ! ai-je immédiatement argumenté.

— Peut-être, mais je vais le faire. Ma vie est là. Paris me gave. Les minuscules salles de province aussi. Je vais être chez moi. Je pourrai y jouer ce que je veux quand je veux. Et puis je ferai venir les autres. Les débutants. Les moins débutants. Les anciens. Tous les vrais. Ceux qui jouent pour jouer.

— C'est pas là que tu vas faire fortune.

— Et alors ? J'existerai, et ce sera déjà beaucoup.

Et elle s'y est filée, la gamine ! Passionnée, têtue, elle a construit son rêve. Accrochée au roc de la sainte ville, l'ex-cabane à mitron est devenue un écrin pour baladins. Rocamadour : un million de touristes l'été, quarante habitants dans la grande rue l'hiver. Mais le pèlerin n'est pas festif. De la prière à la Vierge noire à *Ma colocataire est une garce*, y a un gouffre ! Alors, elle a fidélisé le pékin du tout-alentour. Du local fidèle. Du simple, du convivial. Tout heureux de l'aubaine d'éteindre enfin la télé pour aller rire en vrai. Et pendant toute l'année.

Des petites pièces à trois ou quatre, des « *one man* », des « *one woman* ». Ils viennent voir les magiciens, voir les musiciens. Tous les comédiens de la chanson d'Aznavour, sur une scène de quatre mètres sur deux. Quatre-vingt-dix-huit centimètres de largeur de coulisses. Même pas de quoi y faire passer une vache enragée. Elle a gagné son « Paris », ma Coco ! Rocamadour, capitale du café-théâtre en Quercy.

De temps en temps, je vais là-bas me régénérer sur un tabouret de bar. En relâche de mes millions de téléspectateurs, je me pose au cœur de l'infime. À contresens de ma gloire de paillettes et d'excès. J'y vois des enchanteurs allumer les yeux de quelques dizaines de spectateurs agglutinés au plus près. Cinquante centimètres, de la scène aux premiers genoux. Et je sors de là bien plus émerveillé que de la boîte hertzienne qui envoie les ondes de mon *Plus Grand Cabaret* au bout du monde.

Alors, un soir, j'ai dit :

— Je vais écrire une pièce et on va la jouer là.

— Là ? s'est exclamée en écho la maîtresse des lieux, incrédule.

— Ouais, là ! J'ai fait des Olympia, des palais des sports, des plages, des stades. À chaque diffusion, le

Cabaret, grâce à TV5, est vu par plus de cinquante millions de personnes dans le monde. Mais je vais jouer là, et tu sais pourquoi ?

Sans attendre la réponse, j'ai murmuré en souriant :

— Parce que j'en ai envie.

Et j'ai ajouté :

— On va trouver des potes, des purs. On va monter une troupe, et tu sais quoi ? On va être heureux, tout simplement ! Et en plus, ça va marcher.

Et ensemble, sans s'être concertés, on a ajouté en parfaite synchronisation :

— De toute façon, y a Louis !

Tu as rencontré Louis dans le livre précédent. Un petit garçon de quatorze ans que la leucémie a emporté quelques semaines après la mort de Maman. C'est Coco qui m'avait amené à lui, dans sa petite maison de Rocamadour. Il aimait bien Patrick Sébastien. Alors, je suis allé le voir en vedette. Je suis resté près de lui en ami. Et puis près de Jean-Jacques et Carole, ses parents. Brûlés, anéantis par l'injustice de ce combat inacceptable. On est tous devenus frères de douleur. On a accompagné le petit homme chauve jusqu'au bout. Du mieux qu'on a pu.

Dans cette ville de pèlerinage, ils viennent tous s'agenouiller en quête de miracle. Et ils prient, seuls, doigts croisés. Nous, on s'est juste attrapé la main pour se donner la force de rester debout. J'aime profondément ces gens-là. Ils me remercient d'avoir été là. Je ne les remercierai jamais assez de m'avoir autorisé à y être. J'ai été de la dernière nuit de Louis. Il est de tous mes jours. Lui aussi en protection.

Le Kangourou a démarré à Rocamadour, au café-théâtre « Côté Rocher », le 31 mars 2009. J'ai souhaité que ce soit le jour du premier anniversaire de Maman sans Maman. Antoine, Geneviève, Virginie, Hélène et Coco, mes partenaires, sont bien plus que des comédiens. Ils sont des bouts d'âme joints qui fabriquent l'aura de la belle aventure. Du beau voyage. Parce que tout ça, c'est bien plus qu'une petite pièce de théâtre délirante et légère. C'est un jeu de miroir du destin dans lequel chacun passera tôt ou tard de l'autre côté, c'est écrit.

Et pourtant.

Et pourtant, ce soir, après le spectacle qui a enthousiasmé la salle bondée, j'ai quitté les lieux désabusé. D'habitude, je les savoure jusqu'à l'orgasme, ces moments de grâce. Les rires généreux, les improvisations, la proximité si régénérante. Et surtout les accolades d'après, sur la terrasse, avec les spectateurs. Les yeux mouillés de gratitude. Et pour moi, le bonheur simple de les respirer un par un.

Là, je les ai trouvés communs, ordinaires, presque laids. J'ai fui. Limite hautain. En tout cas, pas plus émerveillé que ça. En vedette qui a juste fait son travail. Ce n'était plus moi. Forcément, puisqu'il n'y avait plus la voix de Maman pour me réprimander :

— Eh bien, pour qui tu te prends ? Et depuis quand monsieur est blasé ? T'as le vrai bonheur sous la main et tu te tires comme un voleur. Presque méprisant. Eh, oh ! la star ! T'es qui pour te permettre de bouder ce plaisir-là ?

C'est ça qu'elle me dit, Maman, chaque fois que j'ai des velléités d'enfant gâté.

Et là, rien.

Pas un murmure.

Silence radio total.

Alors, évidemment, sans ma cuirasse, j'ai tout de suite dérapé dans le prétentieux ordinaire et l'abominablement con.

Tu sais que j'écris à l'instinct et à l'instant. Que je ne rature pas. Que je ne te cache rien. Alors, voilà ce que mon instinct me soufflait à l'instant où je glissais sur les routes de chez moi en rentrant vers mon antre.

« Mais qu'est-ce que tu t'emmerdes dans ce trou à rats, mon pauvre Patrick ! Tu viens de faire un triomphe de pacotille pour deux cinquantaines de clampins ordinaires. Putain, mais tu vaux mieux que ça ! En fait, t'es un vrai con. T'as l'argent et la notoriété qui te permettraient de t'éclater comme une bête sur n'importe quel yacht ancré au large de Saint-Trop', et là, en plein mois d'août, tu viens de faire mumuse pour trois pesos dans une arrière-boutique, et tu vas rentrer en pantouflard chez bobonne. Non, mais je rêve ! C'est ça, tes rêves de gloire de bâtard ? Trois répliques dans une pièce de branque, et le retour au bercail escorté par les lapins de garenne. Attends, je vais te le faire, le scénario rêvé, tu vas voir que ça a une autre gueule ! D'abord, on va parler gros sous. Faut que t'arrêtes de jouer les gagne-petit ! La vie, c'est d'abord le pognon, que tu le veuilles ou non. À l'heure qu'il est, tu pourrais être raqué un maximum à faire le célèbre dans une soirée sponsorisée. En plus, pour te calmer les hormones, t'aurais de la toute fraîche prête à tout. De la belle, de la parfumée, et avec un peu de chance de la star. Et pour terminer, comme ce métier c'est, avant tout, être au bon endroit, au bon moment, si t'avais vraiment le sens des affaires, tu serais en train de faire de la lèche à du puissant, du décideur, qui t'assurerait un avenir en or massif. Au lieu de ça, monsieur nous la joue rural, silence des vieilles pierres, et couple à la papa-maman. Allez, embarque pour le brillant, le bruyant et l'excentrique. Et surtout sans états d'âme à la con. T'es assez imaginatif pour nous raconter ça. Et à la première personne, s'il te plaît. Il faut qu'on s'y voie. »

— Banco, me suis-je répondu. Puisque Maman m'a lâché la grappe, c'est parti pour la vraie vie. Celle que je mérite. Je suis une star de la télé, oui ou non ?

Rewind.

On dit que ça commence quand Nana range tous les bagages dans le coffre pour rentrer de Cannes à Martel, il y a une semaine.

— Mets ma valise dans ma voiture, je ne rentre pas avec vous.

— Pardon ?

— Je vais aller passer une semaine à Saint-Tropez, je vous rejoindrai plus tard.

— Mais tu dois jouer *Le Kangourou* chez Coco, pendant dix jours. C'est annoncé.

— C'est pas grave, je ferai faire un certificat médical.

— Mais tu ne peux pas lui faire ça !

— Je vais le faire quand même. Tout bien réfléchi, j'ai autre chose à foutre qu'aller faire le con pour une poignée de nazes au fin fond de la « blaireauterie » profonde.

— Mais qu'est-ce qui te prend ?

— Il me prend qu'il serait temps que je vive à la hauteur de mes moyens. J'ai du talent, c'est une évidence, sinon, je serais pas là depuis trente piges. Et, par chance, j'ai le pognon qui va avec. Et je l'ai volé à personne. Alors, c'est bien beau de jouer les généreux avec tout le monde, mais, pour une fois, je vais penser à ma gueule. En plus, ça fait quand même une paye qu'on m'a pas vu dans *Gala*, et pour ma carrière ce serait quand même du bonus. Ah ! et puis, à propos, dès la rentrée, on va organiser un *shooting* photo avec Lily. Depuis le temps qu'ils me le demandent. Si on négocie bien, on peut en tirer un bon paquet d'oseille.

C'est à ce moment-là que Lily s'est approchée de moi, la bouche pleine de Nutella pour un dernier bisou.

— Je te ferai un câlin une autre fois, ma puce, ai-je lancé, prévoyant. J'ai une chemise Armani toute blanche et toute neuve, si tu me la taches, je pourrai pas la ravoir.

Je me suis enfilé dans la Mercedes et j'ai démarré sur les chapeaux de roues, direction l'éclate totale.

C'est vrai, quoi ! Je connais du monde, j'ai des potes partout, et malgré mes cinquante-six piges, je tiens encore la route question déglingue. Je vais pas me priver d'un max de plaisir pour des précautions d'une autre époque. Si ma femme n'est pas contente, qu'elle se casse ! Y en a quinze qui attendent. À mon niveau, c'est juste un problème de Carte bleue.

— Un commentaire, Maman ?… Non… T'as rien à me dire ?… O.K., je continue.

J'ai posé mes malles dans le plus grand hôtel tropézien. Enfin, quand je dis posé, c'est le bagagiste qui s'en est chargé. Mal, d'ailleurs. En rangeant mon sac de voyage Vuitton, il a cassé l'antenne de mon Sept d'or de meilleur animateur qui ne me quitte jamais. Je l'ai fait renvoyer sur-le-champ. Il était en larmes, le con.

— Je ne l'ai pas fait exprès, monsieur, je suis désolé.

— Quand on n'est pas compétent, on change de métier. Tu crois que si je ne faisais que quinze pour cent de part de marché, mes patrons me garderaient ?

Ça lui a cloué le bec.

Sur le chemin de la place des Lices, j'ai écouté notre bon président à la radio.

— On va déchoir certains délinquants de la nationalité française !

Enfin ! Il était temps. Voilà un vrai courageux.

Qu'il nous débarrasse de la racaille une bonne fois pour toutes ! J'ai rien contre les Maghrébins, je vais souvent en vacances au Maroc et j'ai parlé deux fois avec Zidane. Mais là, franchement, il est temps qu'on se retrouve entre vrais Français. C'est pas que j'aie peur de la banlieue, j'y vais jamais, mais je regarde les reportages sur TF1, et tous ces Arabes voleurs, dealers et violeurs, ça commence à bien faire ! Je vote pas Front National, parce que c'est mal vu et que je me ferais démolir dans la presse, mais il faudrait pas me pousser beaucoup.

J'ai joué à la pétanque pendant une petite heure. Le temps que les journalistes immortalisent l'instant. C'est quand même tous les blaireaux agglutinés autour, l'appareil photo en bandoulière, qui achètent mes disques. Il faut un minimum de respect. Ils nous voient jouer à des jeux de campeurs, ils ont l'impression qu'ils sont comme nous. Bon, ils n'auront jamais notre aura ni notre talent, mais c'est la moindre des choses de les faire rêver. En plus, j'ai eu du bol.

— M'sieur, m'sieur, une photo avec ma petite qui est handicapée, s'il vous plaît !

Superbe ! Un pied sur la roue du fauteuil et le bras autour du cou. Et le nez que j'ai eu de m'habiller en blanc ! Tout un symbole. L'archange protecteur. Ça, pour mon image, c'est top. Un grand sourire et le pouce levé. Dommage que la gamine ait eu les doigts tordus, parce que les deux pouces en l'air, ça aurait été énorme.

— Toujours rien à redire, Maman ?... Bien.. J'enchaîne.

La soirée dans la villa du producteur de cinéma a été royale. Piscine, champagne, coke, et mannequins ukrainiennes de quinze ans. Voilà ce qui s'appelle bien recevoir !

J'ai réussi à coincer un décideur de chaîne pour lui placer mon prochain projet télé. Une tuerie. Ça s'appelle *Le Testament.* Je t'explique. Et ne t'avise pas de me le piquer, c'est déposé.

Un mec plein de pognon est en phase terminale. On réunit les héritiers dans un loft. Chacun doit convaincre le téléspectateur qu'il est le plus méritant pour empocher le magot. Caméra cachée sur le lit du mourant. SMS pour les votes. Le gagnant empoche le pactole, et un spectateur tiré au sort encaisse dix pour cent. Tout ça sous contrôle d'huissier et sans droits de succession, bien entendu. Pour le producteur, c'est l'embellie. Surtout qu'on peut ménager le suspens sur plusieurs mois en prolongeant l'agonie avec des piquouses miracles. Elle est pas belle, l'histoire ?

Il était scotché, le décideur ! C'est ça, ma force : les concepts, les idées. Comme il hésitait quand même un peu au niveau de l'éthique, je lui ai fait comprendre qu'un petit billet de cent mille à qui de droit arrangerait nos bidons à coup sûr. Il a dit banco. Parfois je me demande d'où me vient ce génie. Pour être honnête, je crois que Dieu m'a choisi.

On est le 5 août.

Il est quatre heures du matin.

Je vais arrêter le délire. Tout ce que je viens d'écrire, même pour de faux, ça commence à me donner la nausée. Ça doit te paraître bien caricatural. C'est vrai que, même sans la protection de Maman, tu dois avoir du mal à imaginer que je puisse vraiment me conduire d'une façon aussi sordide. Évidemment que je ne peux pas être ça. Mais je te jure bien que tout ce que je viens de te balancer, ça existe.

Ça calme, hein ?

J'en connais qui fuient les baisers de leurs enfants pour ne pas être tachés. J'en connais qui ont fait virer des employés d'hôtel pour bien moins qu'un bibelot cassé. J'en connais qui se font photographier avec des handicapés uniquement pour la promo. J'en connais des baiseurs de mannequins mineures protégés par l'immunité d'un festival de Cannes ou d'une amitié en haut lieu.

Et j'en ai oublié.

J'en connais un qui interdisait à ses gens de maison de manger de la viande, parce que c'était trop cher. J'en connais un autre qui avait demandé la photo du petit Vietnamien à adopter, et qui l'avait refusé parce qu'il ne serait pas assez beau sur les magazines d'après. J'en connais même une qui s'est rasé la tête et inventé une chimio pour apitoyer le client.

Alors, bien sûr qu'ils ne sont pas tous comme ça, par bonheur. Mais il y en a trop. Et à l'idée d'en croiser un seul, je me décompose. C'est pour ça que j'ai choisi mon petit monde de campagne. Mon petit café-théâtre. Ma Lily et ma Nana sans flashs. Ma terre. Mes racines. Mon lointain. Mon véritable.

Mais j'ai beau chercher, je ne comprends toujours pas pourquoi, ce soir, Maman m'a abandonné à ce point. Je n'ai évidemment aucune velléité réelle d'aller m'abîmer dans l'artificiel, mais j'ai un vrai blues. Goût à rien. Sans elle, je me sens nu, inutile, perdu.

Il est six heures.

Après avoir écrit que je me sentais nu, inutile et perdu, j'ai éteint l'ordinateur et j'ai enfourché mes chevaux-vapeur. Un petit tour dans la campagne, comme à chaque fois que je n'ai plus de réponses à mes questions.

Et au détour d'un virage, enfin la solution !

Il était planté au bout de la ligne droite, le « bonhomme de neige ». Et, arrivé à dix mètres de lui, je me suis illuminé d'un grand sourire et j'ai dit à haute voix :

— Mais que je suis bête ! Évidemment que c'est ça. Excuse-moi, Maman, j'aurais dû y penser tout de suite.

Et Maman m'a répondu :

— Tu comprends bien que j'étais obligée de faire quelque chose. Il était tellement malheureux.

Pour bien comprendre ce qui s'est passé cette nuit, il faut remonter à mon enfance. À la tienne aussi, si tu as fait partie de cette génération bénie qui se posait devant la télé en noir et blanc pour admirer les exploits d'un enfant et de son chien.

Belle et Sébastien.

Un feuilleton des années soixante qui avait fait star un môme époustouflant de naturel. Il s'appelle Mehdi El Glaoui. C'est le fils d'une huile de Marrakech et de la comédienne et écrivain Cécile Aubry. Cette femme remarquable avait écrit le feuilleton et donné le premier rôle à son fils unique. C'était une magnifique histoire d'amour entre un gamin et un berger des Pyrénées. La France entière était tombée sous le charme. Et une flopée de parents avaient prénommé Sébastien leur nouveau-né, en espérant qu'il ressemble à ce gosse espiègle, têtu et tellement craquant.

Je ne sais par quel miracle, le mien lui ressemblait réellement. Mon Sébastien, né en décembre 1970, avait beaucoup de traits communs avec Mehdi. Les photos de l'époque sont parlantes. Alors, bien sûr, j'ai toujours eu une tendresse appuyée pour ce gamin surdoué dont j'avais emprunté le prénom de fiction pour habiller mon premier petit. Et bien plus encore. Quand j'ai dû choisir un nom de scène, ce prénom s'est imposé comme une évidence. Le Patrick qui vous écrit est devenu Sébastien pour emporter son fils partout. Et par ricochet, évidemment, c'est grâce à la bouille coquine du petit Mehdi que je trimbale cet autre moi depuis plus de trente-cinq ans aujourd'hui.

Je t'ai déjà parlé de Virginie, ma partenaire belle et blonde du *Kangourou.* Souviens-toi, elle avait partagé avec moi la première apparition du « nuage de larmes », l'année dernière. Au lendemain de ce phénomène inattendu, elle m'en avait annoncé un autre. Celui-là n'avait rien à voir avec la météo, même s'il était annonciateur de soleil pour elle.

— Je crois que je viens de tomber amoureuse.

L'aveu m'avait quelque peu gêné. Celui qui partageait sa vie à ce moment-là est, et restera toujours, un véritable ami. Je déteste me retrouver le cœur entre deux chaises.

— C'est qui, l'heureux élu ? ai-je osé.

— Mehdi.

— Le Mehdi de…

— Oui, m'a-t-elle coupé. Bon, c'est juste un début, mais je crois que c'est solide.

J'avoue que, au-delà de la réelle compassion pour celui qu'elle quittait, l'annonce de ce nom-là a atténué l'expression d'une éventuelle sentence.

— J'en suis très heureux pour toi, ai-je dit, sincère. C'est fou, quand même, que nos chemins se croisent de cette manière.

Il y a deux jours, Virginie et Mehdi ont débarqué à Rocamadour. Elle en comédienne, lui en accompagnateur. On s'était croisés plusieurs fois à Paris quand nous jouions *Le Kangourou* au Gymnase. Ils étaient même venus un soir, lui et Cécile, la maman. J'avais enfin fait la connaissance de cette dame d'une classe rare. Je l'avais remerciée sincèrement pour la part de rêve. Et aussi pour son choix d'auteur d'avoir prénommé son petit héros Sébastien. J'étais ému. Profondément. Lui exprimant une reconnaissance que, par réelle pudeur, elle jugeait exagérée.

Le 3 août, autour de la table du restaurant de Rocamadour, avant la représentation, nos retrouvailles avec Virginie et Mehdi étaient plus teintées d'émotion que de la bonne humeur coutumière. Cécile Aubry était morte quelques jours plus tôt. Je ressentais, à fleur de peau, l'immense chagrin du petit bonhomme grandi qui m'avait tant fait rêver. Tous mes deuils remontaient d'un coup. Mon fils, Maman. Je devinais dans ses yeux toutes les larmes retenues. Un torrent caché.

— En plus, elle aurait eu quatre-vingt-un ans aujourd'hui, avait-il murmuré, en se forçant à sourire comme pour s'excuser d'être un peu absent.

On est le 5 août. Il est presque sept heures. Le jour est levé et j'écris encore.

Maman est rentrée.

— Tu devrais aller dormir, mon petit.

— Non, il faut que je finisse. Juste quelques lignes pour leur expliquer le « bonhomme de neige ».

C'est vrai qu'au détour du virage, j'ai stupidement pensé à ça. Ça en avait l'allure de loin. Une grosse forme blanche au milieu de la route.

« Enfin, Patrick, un bonhomme de neige en plein mois d'août, ça va pas, non ? » me suis-je dit le temps des quelques mètres qui me rapprochaient de lui.

C'était un chien.

Blanc.

Un berger des Pyrénées.

Comme dans *Belle et Sébastien.*

Il m'a regardé arriver sans broncher et, dès que je me suis arrêté, il est parti calmement, très lentement, à travers le rideau d'arbres qui bordait la route.

Je venais de tout comprendre.

Maman, cette nuit, ne m'a pas quitté vraiment. Elle est juste allée secourir Mehdi parce qu'il en avait plus besoin que moi. Solidarité de louves. Sans doute est-elle allée se coller à Cécile pour adoucir le chagrin de son petit. Au nom de moi. Au nom de Sébastien. Au nom de toutes les mamans parties qui doivent apprendre à rester.

— C'est ça, Maman ?

— C'est ça, mon petit… Tu vas dormir, maintenant ?

— Oui… Tu m'as manqué.

— Je sais, mais c'était une urgence.

On est le 6 août.

Juste quelques lignes encore.

Aujourd'hui, en arrivant au théâtre, j'ai pris Virginie à part.

— Ça va ?

— Oui.

— Et Mehdi, ça va mieux ?

— Beaucoup mieux.

— Ah !… Ça me fait plaisir.

Et elle a enchaîné tout sourire.

— Écoute, c'est la première nuit où il dort jusqu'au bout. Jusque-là, vers quatre heures du matin, il se réveillait en nage… Enfin, tu vois ce que je veux dire… En pleurs… Et là, non.

Alors, je lui ai raconté. Tout. L'urgence de Maman et le « bonhomme de neige ».

Elle a souri.

— C'est fou, ce que tu me dis… Quand on s'est réveillés, y avait *Le Grenier de Sébastien* à la télé, ton émission d'archives qui passe tous les jours à deux heures, et tu sais sur quoi on est tombés…

— Je me doute : l'extrait du *Grand Bluff*, quand je piège ma maman.

— C'est ça. Moi, je la connaissais, mais Mehdi c'est la première fois qu'il la voyait.

Je n'ai pas pu m'empêcher d'ajouter :

— Mais pas la première fois qu'il la croisait.

Ainsi donc, même morte, Maman est restée « Dédée la généreuse ». Toujours disponible pour un coup de main, un coup de cœur. SOS dépannage vingt-quatre heures sur vingt-quatre. Du plus loin que je me souvienne, pas un seul jour ne s'est écoulé sans que je la voie se soucier d'un perdu, d'un lâché par le peloton. Elle a passé sa vie à faire voiture-balai. Pour les réconforter d'abord. Soigner leurs blessures. Et puis les nourrir aussi. Même quand ils faisaient semblant d'avoir faim. Il y avait parfois tellement d'ingratitude en retour que je tentais de calmer ses velléités de générosité.

— Mais enfin, tu sais bien que l'argent que tu viens de prêter, on ne te le rendra jamais.

— Et alors, tu veux que je laisse ce pauvre type crever dans le ruisseau ?

— D'abord, il est loin de crever, et ça fait quatre fois qu'il te fait le coup.

— Eh bien, la prochaine fois, ça fera cinq !

Qu'est-ce que tu veux répondre ?

Un soir qu'elle était attablée, soucieuse, à la table du « socle », le nez dans ses carnets de comptes, je l'ai prise doucement par la main et je lui ai murmuré en souriant :

— Ça sert à rien que tu comptes, de toute façon, il t'en manque toujours.

— C'est pas à moi qu'il en manque, c'est aux autres.

Je me suis agacé.

— Les autres, les autres… Et si tu pensais un peu à toi !

Elle a souri à son tour.

— Mais c'est ce que je fais. Il faut jamais oublier d'où on vient. Et là d'où on vient, on ne peut pas s'en sortir tout seul… Nous, on s'en est sortis. C'est à notre tour d'aider. Si je n'étais pas comme ça, je vivrais dans la pire des misères, celle sur laquelle même le plus gros chèque n'a aucun effet : la honte de moi.

Elle a laissé un silence et m'a regardé dans les yeux.

— Jure-moi que, quitte à te faire avoir mille fois, tu n'oublieras jamais d'où tu viens.

— Jamais, Maman… Je te le jure, jamais.

Le spectacle, ce soir, a été formidable. Ils étaient cent. Je les ai entendus rire comme mille. Sur la terrasse d'après, ils étaient beaux, chaleureux. Je les aime autant qu'ils m'aiment. Parce qu'ils sont du monde d'où je viens. J'ai quitté Rocamadour le cœur léger. Merci, Coco. Merci, la troupe. Je ne changerais cette vie contre rien au monde. Je ne suis pas une star. Je suis un homme. Libre. Définitivement sculpté dans mes racines. Merci, Maman. Tu avais raison quand tu me répétais :

« Méfie-toi de ne pas aller trop haut. Quand on est au sommet de l'arbre, on ne voit plus l'arbre. »

LE MERCUROCHROME

La coïncidence du jour serait cocasse si elle n'était pas dramatique.

Bruno Cremer est décédé. Depuis fin juillet, France 2 rediffuse les enquêtes de Maigret, comme un hommage posthume prémonitoire. L'acteur est parti un samedi. L'épisode du lundi suivant était programmé depuis longtemps. Au hasard d'une bousculade, on y voit le commissaire casser sa pipe légendaire. Clin d'œil. Infime coïncidence, mais coïncidence quand même.

Depuis que j'ai entrepris d'écrire ces lignes, c'est vrai que j'ai tendance à m'attarder encore plus que d'habitude sur chaque signe, à traquer chaque similitude. Comme un jeu de piste. Et chaque jour je découvre des correspondances nouvelles. Plus amusé qu'inquiet. Ça passe le temps. Puisqu'il fait toujours beau dehors, hélas.

J'ai eu des nouvelles de Piaf. Mon ami Fabien Lecœuvre m'a appris qu'elle avait eu un enfant avec un certain « p'tit Louis », avant de le quitter pour un danseur. Une fille morte à vingt-quatre mois. Elle l'avait prénommée « Marcelle », bien avant de connaître Cerdan. Tu sais, le boxeur à qui elle chantait : « Allez, venez mi-lourd ! »

— Je préfère ça, sourit Maman.

— Quoi, « ça » ?

— Les jeux de mots. Même médiocres comme celui-là… Je préfère quand tu plaisantes.

— Moi aussi. Mais quand Fabien m'a appris que le danseur pour lequel Piaf était partie s'appelait Sébastien, et qu'il s'est suicidé, tu comprends bien que ça m'a parlé et que je me pose des questions.

— Je comprends, mais tu devrais quand même t'aérer un peu. Tout ça te fait l'âme grise. Et ça, c'est pas bon pour ta santé. Tous les toubibs te le diront : broyer du noir, ça met de la suie partout. Et tu te retrouves avec des taches au scanner. Tu te souviens de l'ami Pierre ?

Oh, que oui, je me souviens !

C'était il y a quelques années. Pierre Bachelet, mon ami, attaquait la dernière ligne droite, bouffé par un cancer du poumon. Un soir de confidences, j'ai écrasé une énième cigarette après une seule bouffée.

— Tu peux la finir, a-t-il dit en souriant triste.

— Je ne l'éteins pas pour toi, ai-je souri à mon tour, c'est pour moi.

— Oh ! tu sais, c'est pas ces cendres-là qui tuent le plus.

— Tu veux dire que c'est pas le tabac qui t'a filé ton cancer ?

— Si, bien sûr… Mais je ne pense pas que ce soit la première cause.

Et il a enchaîné en me regardant au plus profond des yeux.

— Bien sûr que cette putain de clope y est pour beaucoup. Mais quand j'étais en chimio, j'ai eu le temps de parler avec mes potes de galère. Tu sais que j'ai eu un stress terrible à cause de mon divorce et de ma vie nouvelle.

— C'est vrai que quitter ta femme pour vivre avec sa sœur, c'est pas commun. Ça a dû valser.

— Ça valse toujours. Alors, les reproches, la haine, plus ma culpabilité, ça a fait un sale cocktail qui m'a détruit.

— Tu veux dire que ton cancer, c'est plus les contrariétés que la fumée ?

— Peut-être pas plus, mais au moins autant… Tous ceux dont je te parlais qui ont fait la chimio avec moi avaient eu ce genre de stress. Je te le jure. Je ne te dis pas ça pour que tu continues à fumer, mais pour que tu continues à rire.

Je l'ai embrassé sur le front. Il s'est blotti comme un gamin sur mon épaule en pleurant.

— Ça m'emmerde de m'arrêter là, tu sais…

— Mais non, mais non, ça va pas s'arrêter, lui ai-je menti.

Il a redressé la tête et m'a murmuré avec un vrai sourire :

— T'es un mec bien, Patrick. Reste-le. N'oublie jamais que la bonne conscience, ça tient en vie. Et puis la bonne humeur surtout. J'ai passé tant de nuits à me torturer. Crois-moi, chaque fois que tu pourras dédramatiser, fais-le.

Pierre est mort d'un cancer du poumon. Mais ce n'est pas ça qui l'a tué.

J'ai repris ma conversation avec Maman.

— Tu as raison, vu les antécédents récents, pas la peine que j'attise. On ne sait jamais. Alors, on va se faire un chapitre « déconne ». On a quand même un maximum de rigolade dans les bagages. Même si c'est hors sujet, comme me le corrigeait dans la marge mon prof de français.

— Pourquoi hors sujet ? Au contraire, on y est en plein. Tu sais, mon petit, comme tu l'as écrit, je suis là en sentinelle. Depuis quelques jours, tu as tendance à ne t'arrêter qu'à du grave, du pesant. Et moi, je suis là pour veiller à ton bien-être. Je te l'avais déjà dit après le « pèlerinage » du petit, mais tu n'as pas pu t'empêcher de reglisser. Et là, je te sens angoissé, tendu. C'est pas grave, mais ça peut le devenir. Alors, écoute mon conseil : sois léger, futile, primaire si tu veux, mais secoue-toi. La morosité est souvent délectable, mais elle pollue. Pierre avait raison. Les gens n'imaginent pas à quel point le mental est déclencheur de soucis physiques. Se forcer à sourire est bien plus salvateur que je ne sais quelle pilule. Alors, réveille les souvenirs gais. Tu te souviens des années « Turenne » ?

— Oh ! oui, les plus belles.

— Et pourquoi étaient-elles si belles ?

— Parce qu'on ne se posait pas de questions. Parce qu'on riait en se foutant bien du jugement des autres. Parce qu'on se disait que la vie était trop courte pour l'habiller triste.

— Contrairement à ce que veulent te faire croire ces crétins d'adultes, ce n'est pas parce que ce que l'on dit est sérieux que c'est un gage de qualité. La respectabilité n'est qu'une lubie de prétentieux. Ce bouquin est d'abord un passe-temps, tu le sais bien. Alors, bien sûr, toutes tes observations occultes sont passionnantes. Elles présagent des commentaires à venir d'une réelle profondeur. Les observateurs avertis y trouveront une vraie matière à réflexion. Ils sont même capables de te découvrir une « épaisseur d'écrivain accompli », va savoir ! Juste parce que ce que tu leur racontes pose de véritables questions existentielles. Mais, même si c'est bien plus valorisant que ton « petit bonhomme en mousse », toutes ces concordances funèbres te sapent le moral. Il faut que tu en uses, pas que tu en abuses. Je ne dis pas de bannir définitivement les souvenirs qui pleurent et les concordances mystiques, mais fais une pause, mon petit… Vite.

— D'accord, Maman.

C'est vrai qu'insidieusement, le spleen s'est insinué depuis quelques jours. Du « nuage de larmes » au « berger des Pyrénées » en passant par l'« exorcisme », je me sens de plus en plus enfermé dans une cage imaginaire. Oppressé. J'ai beau tenter des pirouettes de clown, tout cet irréel me rattrape chaque fois, me bouffe, me consume. Pendant trois jours, même ma plume s'est bloquée. Incapable de raconter quoi que ce soit, j'ai passé des heures face à l'écran blanc de mon ordinateur. Sec comme jamais. Grave, triste et préoccupé. Et parce que Maman sent bien que la jauge attaque le rouge, elle me pousse à refaire le plein de sourire. Logique. On est en plein mois d'août. Il fait de plus en plus beau dehors et de moins en moins dedans. Décider de te raconter de l'infime, du trivial, de la gaudriole n'est pas hors sujet. C'est le remède de Maman. Comme le mercurochrome sur mes écorchures de gosse.

Ce livre n'existe que pour te convaincre de tendre l'oreille. Nos absents sont en nous. Pour nous sauver. Il suffit de savoir les écouter. Ils nous dégrisaillent, nous désembrument.

Alors, pose ton Temesta, ton verre, ton pétard.

Le bien-être n'est pas une opportunité.

C'est un choix.

J'ai décidé d'aller mieux.

Donc, je vais me forcer à sourire, et je vais aller mieux.

Merci, Pierre.

Merci, Maman.

Ah, les années « Turenne » ! Les années bonheur. 1972, 1973, 1974. Tiens, au mois d'août, justement. Scotchés à la terrasse du petit snack-bar pendant des apéros interminables. Moi, Olivier et quelques autres. Quelques « autresses » aussi. Des divines de province en minijupe et chaussures à semelles compensées. En bout de crépuscule, on allait se chevaucher sur le terrain de manœuvre voisin du cent vingt-sixième régiment d'infanterie.

On baisait. Non, non, on ne faisait pas l'amour. On baisait ! À la hussarde, à la va-vite. Ça t'offusque ? Et qu'est-ce que tu sais de ta création ? Qui te dit que tu n'es pas le résultat d'un petit coup vite fait ? Bien sûr que nous étions communs, rabelaisiens et pressés. Et alors ? Et, en plus, entre deux orgasmes de banquette de 404, on se bourrait la gueule. Non, non, on ne buvait pas un petit coup. On se bourrait la gueule. Jusqu'à dormir dans les caniveaux. Politiquement tout à fait incorrects. Mais poétiquement plus que corrects.

On écrivait des vers sur les nappes en papier. On dessinait des oiseaux à la craie sur les murs. On se pleurait l'amitié au sixième pastis, en se promettant une solidarité éternelle. La table de Maman faisait crédit perpétuel. On s'aimait. Il n'y avait ni beaux ni laids, ni riches ni pauvres. À la moindre invalidité de l'un d'entre nous, on cotisait à tout-va. Pas un ne manquait au chevet d'un malade. Mais c'est vrai que « putain, con », « enculé », et « bordel à cul » étaient nos rimes riches.

Vulgaires, nous ?

Aujourd'hui, 11 août 2010, j'ai vu une photo dans *Gala*. Rachida Dati sur le point d'embarquer sur le yacht d'un pote à Saint-Tropez. Un sac en bandoulière. Et sur la poche du sac, une grande photo de Che Guevara. Et en allumant la télé, je suis tombé sur une pub pour les sardines, avec, en fond sonore, du Léo Ferré.

Qui est vulgaire ?

Comme elles sont belles, ces diapos de mémoire de mes « août seventies ». Ces photos souvenirs incrustées à jamais. L'insouciance, le plaisir, et la blague. Oh ! oui, surtout la blague. La farce gratuite, débile, potache. Les barils de lessive déversés dans les fontaines de la ville. Les tirages de sonnettes. Les entrées en boîte de nuit en moto roue arrière. Le réveil au clairon des quartiers bourgeois à trois du mat en chantant *L'Internationale*. Les largages de poulets fermiers dans la cour du commissariat, etc.

Il me semble que j'ai déjà évoqué tout ça dans le livre précédent, mais sans m'attarder. Normal, j'avais coincé ces souvenirs entre deux glissements de Maman sur la grande pente. Entre deux comas, deux chambres d'hôpital. Ce soir, j'ai le temps, Maman ne meurt plus. Alors, viens au bar du Turenne au mois d'août 1973.

Vois la topographie : face à l'entrée, le grand comptoir. La belle dame de dos agrippée au doseur, c'est Dédée. La Dédée. Maman. Au-dessus des bouteilles, les portraits au fusain de mes potes du rugby, dessinés par mes petits doigts, dédicacés Boutot. À gauche, la grande table à festin. Dans le prolongement, le juke-box qui balance du Dassin et du Sardou en boucle. Au fond, le petit escalier qui mène au champ de bataille : la chambre du haut, alcôve de secours pour les étreintes pressées. Et derrière la porte battante, l'accès à l'arrière-salle. Pas la peine que je te montre, l'action ne nous y mènera pas.

— Alors, qu'est-ce que tu prends ?

— Un demi.

— O.K., ça roule…

De l'aube à la mi-nuit, ils se collaient au comptoir. Un zoo d'hommes singes, ours, moutons. Une galerie de portraits formidable. En solitude par deux, trois. Ils venaient au bistrot-garage pour coller des rustines à leur vie. J'ai toujours gardé une immense tendresse pour ces gars ordinaires, philosophes de terrasse, qui m'ont appris le sens de la réplique. Une mine de brèves de comptoir inépuisable.

Il y avait Phiphi, l'énervé, qui, chaque fois qu'un mariage bruyant passait dans la rue, se précipitait sur la terrasse pour hurler :

— Quand tu seras cocu, tu klaxonneras moins fort !

Albert, dit « Con Juan ». Gominé, chaîne en or, il ne se passait pas un jour sans qu'il nous abreuve de ses exploits de dragueur de supermarché.

— Je me suis fait piquer par ma femme au lit, avec une taupe de dix-huit ans. Je lui ai dit : « Ne te fie pas aux apparences, c'est pas moi, c'est un sosie ! » Elle m'a pas cru. C'est con, parce que c'était possible, non ?

Jacky « l'Horloge », toujours en train de regarder sa montre.

— Tu te rends compte, ça fait quatre-vingt-sept mille six cent deux heures que je suis né. Et j'en ai passé environ cinq mille sur les chiottes. Quel gâchis ! Le bon Dieu, il peut pas comprendre ça. Ça m'étonnerait qu'il ait un trou du cul !

De la haute philosophie ! Et Fredo y ajoutait la logique scientifique :

— Un demi, quand t'en bois la moitié, il devrait en rester un quart. Eh ben, il reste quand même la moitié. La bière, c'est pas mathématique !

Et puis, entre deux rouges limés, le génie du désespoir du cocu du jour, en larmes dans ses cacahuètes, qui nous a balancé la réplique de l'année. Sublime :

— M'aidez pas, vous voyez pas que j'y arrive déjà pas tout seul !

Et la Dédée au milieu, pour les écouter, les consoler, les engueuler. Bienveillante et moraliste, elle avait toujours le mot qu'il fallait. On frôlait même parfois l'excellence analytique :

— Pierrot, arrête de te plaindre que tu dois des sous partout. À quoi ça te sert de t'acheter un matelas neuf à crédit si le prix du crédit t'empêche de dormir !

Sang chaud oblige, bien souvent, hélas !, la violence prenait le pas sur l'aphorisme. Je me souviens d'un inconvenant qui l'insultait depuis dix minutes, le dos tourné au comptoir. Elle lui a tapé sur l'épaule.

— Un coup de téléphone pour toi !

Il s'est retourné, étonné et souriant.

Il a pris le combiné pleine poire. Et pendant qu'elle le traînait dehors elle-même, inconscient, pour le jeter sur le trottoir, elle lui a conseillé :

— Comme tu bosses aux PTT, t'auras qu'à dire que c'est un accident du travail !

Et puis, il y avait Olivier. Mon ami. L'irremplaçable de secours dont il n'existe qu'un modèle. Le moule est cassé. L'homme de ma vie. Le destin nous a enfanté faux jumeaux. Une fraternité bien supérieure à celle des liens de sang. Fou, drôle, il était doté d'une intelligence rare qu'il n'utilisait le plus souvent qu'à la farce et à l'outrance. Plus tard, il deviendra mon secrétaire, mon homme à tout bien faire, mon essentiel. À l'époque, serveur chez Maman, on lui doit des délires dignes des plus grands scénarios de films d'arnaque. Dans le livre précédent, je t'ai raconté « L'escroquerie à la pute ». Je résume pour que tu appréhendes mieux la suite :

Un flic idiot et borné, qu'on surnommait le « shérif », voulait absolument plomber Maman. Avec un appel anonyme, on l'avait persuadé que des prostituées montaient de Bordeaux tous les jeudis soir pour faire des clients dans la chambre du haut du Turenne. Persuadé qu'il allait faire enfin plonger Maman pour proxénétisme hôtelier, il avait déboulé avec une escouade de tuniques bleues. Olivier, derrière la porte fermée à laquelle ils tambourinaient, avait gueulé :

— Ah, non, c'est chacun son tour, je l'ai payée assez cher !

Après avoir forcé l'entrée, ils étaient tombés sur un Olivier nu couvrant de caresses une superbe poupée gonflable achetée sur catalogue… Et le vol de perdreaux était reparti tête basse sous les acclamations des clients.

Voilà, je te l'ai faite courte. C'était la première manche.

La dernière fois, je ne t'ai pas raconté la deuxième. C'est pour tout de suite.

Par un bel après-midi d'automne, un copain maçon avait garé une magnifique Alfa Romeo, immatriculée en Italie, devant la porte du Turenne.

— Et alors, Angelo, s'était extasiée Maman. t'as gagné au tiercé ?

— Non, c'est la bagnole de mon beau-frère, il me l'a prêtée pour l'après-midi.

La sœur d'Angelo vivait en Italie et, une fois par an, elle et son mari venaient rendre visite à la famille. Angelo expliqua que le beau-frère lui avait prêté le bolide pour qu'il aille lui remplir le coffre de produits régionaux.

Et c'est là que l'idée de génie a surgi dans le cerveau de mon bon Olivier.

— Ils repartent quand, tes Italiens ? a-t-il questionné.

— Ce soir.

— Alors, j'ai un cadeau pour eux. Tu sais que mon père a une usine de conserve ?

— Bien sûr.

— Dis à ton beau-frère, quand il partira de Brive, de s'arrêter à Noailles, sur la place. Il me faut le temps de récupérer la marchandise. Vers dix heures, c'est bon ?

— Je pense, ils partent après manger.

— Bon, c'est parfait. Il va se régaler, c'est du superproduit.

— C'est vraiment sympa.

— Non, c'est normal, t'es un copain. Et puis ça fera plaisir à mon père de faire connaître ses produits en Italie, on ne sait jamais.

Et en se tournant vers Maman, avec un clin d'œil complice, il ajouta :

— C'est Dédée qui fera la livraison… Dis-lui bien, dix heures, sur la place de Noailles, c'est sa route !

Une fois Angelo parti, et Maman informée de l'« arnaque », dont elle salivait par avance, Olivier appela le « shérif » pour lui demander un rendez-vous urgent dans un lieu neutre pour une affaire très grave. La rencontre eut lieu derrière une usine désaffectée, comme dans les mauvais films de voyous. Quand il eut terminé ses aveux, l'inspecteur regarda Olivier, perplexe :

— Tout ça, c'est bien joli, mais je comprends pas pourquoi tu me balances tout ça, je croyais que Dédée, c'était ton amie.

Olivier prit son air le plus grave :

— Oui, mais il y a des choses que je ne peux pas cautionner. J'ai une petite sœur, et c'est des salauds comme ça qui pourrissent les mômes. Je suis pas un enfant de chœur, mais la drogue, jamais ! Si Dédée s'est foutue là-dedans, c'est son problème, moi, je veux pas être complice d'une saloperie pareille.

Le « shérif » était à moitié convaincu. Et en relisant ses notes, il dit :

— Donc, je résume. Tu as entendu par hasard une conversation qui faisait état d'une livraison de cinq kilos de coke, ce soir sur la place de Noailles. La marchandise est cachée sous un torchon. D'après ce que tu me dis, c'est Dédée elle-même qui doit remettre la came à un Italien qui est chargé de la transporter à l'étranger. C'est ça ?

— C'est ça… Et c'est pour ça que j'ai préféré qu'on se voie dans la nature plutôt qu'au commissariat. Vous me garantissez que vous ne direz jamais qui vous a donné l'info ?

— T'as ma parole. Mais je te préviens, il y a des choses que j'ai encore en travers. Si c'est une connerie du style « poupée gonflable », cette fois, ça va te coûter très cher.

— Justement, c'est une manière de me faire pardonner. Pour moi, la « poupée », c'était une blague légère et je suis désolé que ça vous ait blessé à ce point.

La dernière phrase d'Olivier fut magnifique. Et c'est elle qui finit par convaincre définitivement le « shérif » que c'était du sérieux.

— On peut plaisanter avec le cul, mais pas avec la drogue et la mort.

À dix heures, sur la place de Noailles, quand l'Alfa Romeo se gara près de la camionnette de Maman, tout le dispositif était en place. Ils étaient des dizaines planqués dans l'ombre. Dès que la voiture italienne était entrée dans le village, des barrages s'étaient mis en place sur la RN 20. Et c'est au moment où Maman sortait de la camionnette qu'ils surgirent, arme au poing. Dieu, que j'aurais aimé être là quand le « shérif » ouvrit la porte arrière et souleva le torchon !

Il y avait bien cinq kilos.

De coqs… au vin… dans des bocaux stérilisés !

Dans les locaux du commissariat, le « shérif » ne crut pas une seule seconde à la bonne foi d'Olivier qui martelait :

— Moi, j'entends cinq kilos « de coke ». Je peux pas supposer que c'est « du coq ». Y a pas d'orthographe aux oreilles ! Et puis, une Alfa Romeo immatriculée en Italie, ça fait louche quand même, mettez-vous à ma place !

Aucune possibilité de poursuites, bien entendu. Mais une fiesta monumentale dans l'arrière-salle du Turenne le soir même. Angelo, invité d'honneur, avait eu le dernier mot :

— De toute façon, c'est bien qu'il ait eu la trouille de sa vie. C'est un con, ce Rital. Chaque fois, je lui remplis la malle de foie gras, et lui, tu crois qu'il m'apporterait une bouteille de chianti ? Jamais. *Va fa enculo !*

Voilà.

Un bistrot de province. Une Dédée complice, des dingues, un Olivier génial, des audaces, de la paillardise, de la tendresse, et des rires… et des rires… et des rires.

— T'avais raison, Maman, ça m'a fait du bien, cette pause, je me sens mieux, bien mieux, même si…

— Même si ?

— Même si, en évoquant Olivier, j'ai de nouveau le douloureux qui me chatouille.

— C'est pas grave, tu t'es régénéré, c'est ça l'important. Parle d'Olivier si tu veux. Même si je sais que ce que tu vas en dire n'est pas d'une gaieté folle, je suis certaine que tu trouveras de quoi terminer sur un sourire.

Olivier est mort sur la route le 19 mai 1993. Il aurait pu se tuer cent fois à moto, tant je l'ai vu prendre le guidon avec trois grammes. Fatigué, bourré, il a échappé à tout. Et ce soir-là, parfaitement à jeun dans son Audi neuve, il s'est encastré sous un camion en voulant justement éviter un chauffard ivre sur la RN 20.

Il était vingt et une heures. Moi, j'étais loin, en spectacle au festival de Rochefort en Belgique. Au moment précis où on le désincarcérait, je contemplais des coulisses un comique débutant dans un sketch où son personnage, lui non plus, n'arrivait pas à sortir d'un lieu où il était enfermé. Un culturiste survitaminé.

Quand le drôle de bonhomme aux grandes oreilles est sorti de scène, je lui ai exprimé toute mon admiration :

— Tu t'appelles comment ?

— Dany Boon.

— C'est absolument génial, ce que tu fais. Ça te dirait que je te produise ?

— Avec plaisir.

— Je viens de produire Dupontel, ça a fait un carton. Je serai pas chiant, je t'imposerai rien. Je serai plus un guide qu'un producteur. Et puis tu verras, on est une famille. C'est Olivier, mon meilleur ami, qui te suivra partout comme il a fait avec Albert. C'est un mec génial. Il est tout le temps avec moi, sauf aujourd'hui. C'est la première fois depuis qu'il bosse avec moi qu'il m'a demandé la permission d'aller à un anniversaire, chez nous, dans le Sud… Tu vas l'adorer !

Il ne le connaîtra jamais.

En évoquant cette rencontre, je ne peux pas m'empêcher de penser à l'hôtel dans lequel j'ai dormi ce soir-là. C'était une ancienne église. J'ai passé la nuit à discuter avec le propriétaire en le traitant amicalement de fou.

Comment pouvait-il recevoir des artistes dans un lieu pareil ?

Une vieille superstition connue de tous les saltimbanques bannit la couleur verte. Elle porte malheur, paraît-il. Cela viendrait d'une teinture à base d'arsenic qui colorait en vert les habits des théâtreux du Moyen Âge. Il y aurait eu des morts par empoisonnement. Croyance d'un autre temps, mais tenace au point que moi et bien d'autres interdisons le moindre soupçon de vert dans notre vie d'artiste. Et dans cet hôtel de Rochefort, tout était vert. Tout. Les murs, la moquette, les nappes, les rideaux, les draps de lit. Absolument tout. Le taulier se défendait en argumentant que, d'abord, c'était son goût et qu'ensuite, tout ça, c'était des conneries. Quand, au petit matin, en larmes, je lui ai annoncé que c'était bien au chaud de ses draps que je venais d'apprendre la mort de mon meilleur ami, c'est lui qui est devenu vert.

En l'occurrence, ce n'est pas une « synchronicité », c'est juste une superstition.

La correspondance horaire précise de la mort de mon meilleur ami et de la découverte de Dany Boon est une coïncidence de plus. J'ai toujours cherché le sens qu'elle pourrait avoir. Je n'ai jamais trouvé. Aujourd'hui, elle m'inspire seulement une interprétation : celui qui me faisait le plus rire à l'époque est mort au moment où j'allais lancer la carrière de celui qui fait le plus rire la France d'aujourd'hui.

Et elle en a tellement besoin.

Le mercurochrome

Nostalgie encore.

En 1973, Maman riait.

En 2010, elle pleurerait.

Surtout aujourd'hui, 14 août 2010.

Elle pleurerait de rage, comme moi.

À cause d'une saloperie infecte.

Dans un torchon aussi.

De quoi finir sur un sourire, comme disait Maman ?

Pas vraiment.

DROIT DE RÉPONSE

Immonde, nauséabond, infect, dégueulasse, sordide…

— Dis, monsieur Larousse, tu peux pas m'inventer d'autres adjectifs, j'en manque.

J'ai ouvert le torchon à la page 38.

« Vingt-quatre ans après, elle brise le silence. Sylvie, la deuxième femme de Patrick Sébastien, nous confie : IL M'A FRAPPÉE PENDANT SEPT ANS ! »

Je te l'ai écrit en gros, mais ils l'ont écrit encore plus gros, les charognards ! Et puis, ils y ont ajouté des photos, dont une de moi en peignoir, à la sortie de scène à l'Olympia. D'après eux, quand j'enfilais ma tenue de Mike Tyson. Je réitère : les charognards ! Et encore, c'est pas sympa pour eux. Ceux de la savane n'attaquent que pour se nourrir.

Je n'ai vécu que cinq ans, pas sept, avec cette Sylvie. Le détail est anecdotique au vu de l'énormité de la suite. Mais il est significatif. Même sur le décor de cette fiction de série B, il faut qu'elle mente. Alors, imagine, sur la mise en scène !

Les accusations de cette femme sont fausses. Pas la peine que je l'écrive en gros. C'est la vérité. Vingt-quatre ans après, le missile tiré d'on ne sait où est venu me percuter pleine gueule. Te dire ce que je ressens à la lecture de ces calomnies est indéfinissable. Un mélange de colère, de dégoût et de résignation.

Une succession de mensonges tous plus sordides les uns que les autres. Des séjours à l'hôpital. Faux. Des cachettes dans les placards pour éviter mes coups quotidiens. Faux. La confiscation de son fils. Faux. Et le tout tellement facile à démontrer pour moi. Mais c'est écrit là, pleine page, et le temps que je démonte la machination, le mal sera fait.

Olivier, notre fils, est encore plus abattu que moi.

— Mais comment peut-elle dire des saloperies pareilles ? Elle dit que tu l'as frappée devant moi, c'est faux. Elle dit que tu m'as empêché de la voir. Mais c'est le contraire. Je suis venu avec toi parce qu'elle s'enfonçait de plus en plus dans la came. Et pendant des mois et des mois, elle n'a même pas daigné venir me voir, alors que personne l'en empêchait. Et tout ce que tu as fait pour elle... Tu lui as sauvé la vie... Et puis...

— Laisse tomber, l'ai-je interrompu. On va pas refaire l'histoire, on la connaît tous. Calme-toi.

Le dégoût, l'exaspération... La gerbe.

Et cette sensation d'impuissance devant la calomnie étalée sans aucune précaution. Ah, les chacals ! Je ne sais même pas à qui j'en veux le plus. À elle, tout en venin, vingt-quatre ans après, qui semble s'apercevoir qu'elle a un fils juste au moment où il commence une carrière d'animateur à la télé à mes côtés. Ou à eux, tout heureux de l'aubaine.

« Enfin du lourd, du bien crade, de l'ignoble ! Et tant pis si c'est faux ! Un droit de réponse, une amende au pire pour diffamation. On s'en branle, on aura vendu ! »

Et me voilà cloué, une fois de plus. Ça brûle. Ça bouillonne. Ça tombe bien, c'était le but recherché Juste pour ça, elle a réussi son coup.

Mais seulement pour ça. Et ça n'a pas duré longtemps. Une journée tout au plus. Une journée de torture. L'abominable souffrance de l'innocent face aux vomissures qui te submergent jusqu'à t'étouffer. Parce que je suis innocent de tout. Et bien plus. Il n'y a pas une seule personne à qui j'aie fait autant de bien et qui m'ait rendu autant de mal en échange.

Qu'elle me démange, l'envie de tout raconter ! De démonter en détail chacune de ses accusations menties. D'étaler ma générosité bien au-delà de ce que le divorce par consentement mutuel m'avait imposé. (Divorce dans lequel il n'a jamais été fait état de violences conjugales. Et pour cause, elles n'ont jamais existé.) De disséquer son sauvetage de la drogue que j'ai organisé de bout en bout en consentant à lui pardonner l'impardonnable. D'assener encore et encore, preuves à l'appui, qu'en aucun cas je n'ai été le monstre de violence qu'elle a décrit, que tout ça est de la mythomanie de circonstance tant d'années après.

Mais à quoi bon ? Ce serait de l'intime bien plus impudique que ce qu'il me déplaît tant de lire de-ci de-là. Bien au-delà de ce que j'ai écrit ici et qui l'est déjà trop. Non, je vais me contenter de vivre ce sale moment sans argumenter. Et d'ailleurs, ai-je besoin de vous convaincre, vous qui savez tant me lire entre les lignes ? Vous qui savez bien ce que je suis : le contraire de ce qu'elle prétend.

J'ai juste envie d'exprimer le ressenti du moment tant il est violent et confus. De la haine ? Non. Autre chose de plus indéfinissable, de moins brutal. Autre chose qui me ramène encore à Frédéric, mon Dard de secours.

Un soir d'intimité, nous avions évoqué le rapt de sa fille. Un des pires moments de sa vie. Le kidnappeur, un technicien d'une équipe de télévision en reportage dans sa maison, en avait profité pour repérer les lieux. Quelques jours plus tard, il était revenu dans la nuit accomplir son forfait. Joséphine, encore enfant, devait servir de monnaie d'échange à une grosse somme d'argent. Dans une réalité dépassant de loin ses propres fictions policières, Frédéric avait consenti à remettre la rançon lui-même. Joséphine avait profité de l'absence du kidnappeur pour s'échapper.

— Une chance, m'avait avoué Frédéric. Je pense qu'une fois la rançon encaissée comme ça a été le cas, de retour à sa planque, il n'aurait pas hésité à liquider la petite.

Le voyou arrêté, le procès eut lieu de longs mois plus tard. Tout le temps pour le père crucifié de mesurer le mal fait et de ruminer le ressentiment.

— Quand tu t'es trouvé enfin face à face avec lui, tu as dû avoir des envies de meurtre, non ? ai-je avancé à mon Frédéric dont les yeux commençaient à luire de pleurs retenus.

J'ai rangé la réponse qu'il a faite dans ma mémoire, à jamais. À titre d'exemple. De référence humaniste.

— Tu vois, mon gars, je m'attendais effectivement à sentir la haine me submerger. Ça n'a pas été ça. Aucune envie de lui faire du mal, de le frapper, de l'anéantir. Juste un immense dégoût qui m'a désarçonné. Tu sais comme j'aime l'humanité ?

— Oh ! oui... C'est toi qui m'as appris à l'aimer aussi.

— Alors, je me suis levé, je l'ai regardé dans les yeux et je me suis excusé.

— Excusé ! Mais de quoi ? ai-je laissé tomber, abasourdi.

— Je lui ai dit que je lui demandais pardon, parce que je ne me serais jamais imaginé capable un jour de ressentir autant de mépris pour un être humain.

Bien entendu, le tourment qui me lacère aujourd'hui n'a absolument rien à voir dans les faits avec ce rapt sordide qui a marqué Joséphine à jamais. Ce qui m'arrive n'est qu'une calomnie de bas étage, presque commune si elle ne s'étalait au grand public. Pourtant, c'est ce même goût âcre qui m'assaille en relents. Moi non plus, je n'imaginais pas pouvoir avoir autant de mépris pour quelqu'un. Et je m'en veux. Cela peut paraître étrange, mais, comme Frédéric, je me sens victime (ô combien !), et coupable à la fois de flagrant délit de dégoût profond pour un être humain. Pour un véritable humaniste, l'amour des autres et celui de lui-même sont jumeaux. Il en va de même pour le mépris, hélas !

Et, après ce constat qui m'a fait vaciller dans mes convictions altruistes, j'en reviens inlassablement aux « pourquoi ». Pourquoi cette sauvagerie soudaine, ce déballage d'un cauchemar qui n'a jamais existé ? Commanditée par des sous-marins que mon engagement « politique » a dérangés ? Possible, mais je n'y crois pas beaucoup. Pour de l'argent ? Peut-être. Pour faire du mal ? Sûrement. C'est peut-être sa nature profonde. Je ne vois rien d'autre.

— C'est de l'amour, tout simplement, ne cherche pas plus loin, me glisse calmement Maman.

— Pardon ?

— De l'amour, mon petit. C'est, hélas ! la clé du meilleur et du pire.

— Tu veux dire que si elle crache sur moi des tonnes de saloperies inventées, c'est parce qu'elle m'aime.

— Bien sûr. À la folie. C'est pour ça que ce qu'elle a fait là est totalement irraisonnable. Même au pire des insultes, elle t'a toujours dit qu'elle t'aimait, je me trompe ?

— Oui, elle me l'a toujours dit. Elle me l'a écrit, même. Mais c'était du délire. De la provoc', comme le reste.

— Sûrement pas. Sa manière de t'aimer est de te détruire. Parce que tu ne lui as jamais appartenu vraiment et que tu ne lui appartiendras plus jamais. Et là, en plus, elle te voit avec votre fils, heureux, célèbres, à la télé. Alors, elle vous hait autant l'un que l'autre parce qu'elle n'est pas sur la photo. Et jusqu'à son dernier souffle, elle risque de vous faire du mal. Si je peux me permettre, tu n'aurais d'ailleurs pas dû en parler du tout, même si, et je t'en sais gré, tu as occulté les détails. Tu entres dans son jeu. Tu la fais exister par rapport à vous. Elle ne veut que ça. Tu peux être sûr qu'elle ne te lâchera pas comme ça. C'est pour ça qu'elle t'a provoqué à l'extrême. Elle sait très bien que tout est faux, mais en le rendant public tu ne peux plus l'ignorer, elle. Il fallait une énormité incohérente et inacceptable pour que tu réagisses. Tu es bien certain que tu veux que tes lecteurs connaissent cette histoire ? Tu peux encore annuler ce que tu viens d'écrire.

— Non, Maman. C'est la vérité et c'est une question d'honneur. Désolé de te désobéir, mais quelles qu'en soient les conséquences, je n'effacerai rien…

— Comme tu voudras… Mais je sais que malgré ta carapace, il y a encore un peu de feu à l'intérieur de toi. Je suis la mieux placée pour le sentir. J'ai la solution pour que ça ne brûle plus.

— C'est quoi ?

— Le pardon, mon petit, le pardon.

— Non mais tu plaisantes ! Elle vomit sur moi des trucs archifaux. J'ai pardonné déjà vingt fois, cent fois. Déjà que je culpabilise pour le mépris, tu veux pas que je la remercie, non plus ?

— Et pourquoi pas ? Pas pour elle. Pour toi. Maintenant. Pour mieux dormir cette nuit. On ne peut pas salir quelqu'un plus ignoblement et plus injustement qu'elle l'a fait là. Alors, va chercher ton téléphone, laisse-lui un message pour lui exprimer ta gratitude de t'avoir permis de passer au-dessus de la haine. Mais ne le fais pas à contrecœur. Il faut que tu lui exprimes ton pardon à condition d'en être réellement convaincu.

— Ça me paraît impossible.

— Réfléchis bien. Va puiser au fond de toi tout ce que tu as de meilleur. Bats-toi. Les plus belles victoires sont celles où l'on gagne le combat contre soi-même.

Je suis resté quelques instants les doigts en suspens au-dessus de l'ordinateur. Maman m'a soufflé de nouveau d'aller au-delà de moi. J'ai tenté une diversion :

— Mais il y a un droit de réponse d'Olivier et moi à paraître samedi, et on va l'attaquer en diffamation.

— Ça n'a rien à voir. Ça, c'est pour ton honneur, comme tu dis. Fais comme tu le sens. Je te parle juste de ton bien-être. À l'instant. C'est sûr qu'à la sortie de ce livre, tes mots risquent de déclencher encore une vague de calomnies et de persécution. Mais là, maintenant, il faut que le feu s'éteigne. Alors, fais ce que je te dis.

J'ai éteint l'ordinateur. Je suis sorti. J'ai marché dans la propriété pendant plus d'une heure en cherchant au plus profond de moi toutes les excuses qu'elle pourrait avoir. Je n'en ai pas trouvé beaucoup. Alors, je me suis repassé en boucle toutes les souffrances de mes rancunes passées dans quelque domaine que ce soit. Et puis j'ai fait défiler tous les pardons. Et, en faisant le compte final, j'ai constaté que mes absolutions, si inimaginables soient-elles, m'avaient apporté bien plus de sérénité que mes aigreurs. Je me suis planté devant le « socle », le téléphone à la main. J'ai laissé ce message :

« C'est Patrick. Je voulais te remercier. Bien sûr, il y aura un droit de réponse de ton fils et moi dans le prochain numéro. On va aussi attaquer en diffamation. C'est une question d'honneur et de rétablissement de la vérité. Mais je te remercie parce que j'ai décidé sincèrement de te pardonner. De passer au-dessus de la haine. Tu peux pas savoir le bien que ça fait de trouver cette force-là. Je ne fais pas ça pour toi, je fais ça pour moi. Je vais dormir tranquille. Je t'embrasse. »

Voilà.

Il est trois heures du matin. Je viens de rentrer. Je me sens fort. Apaisé. Serein.

Je repense en souriant au cauchemar du 13 juillet. Tu te souviens, cette femme qui me poignardait sans cesse. Une prémonition. C'était donc écrit dans mes rêves avant de l'être dans les kiosques. Même le pardon. Le triomphe du fakir.

Je vais remettre mes cauchemars à plus tard, comme toujours. Je veux dire qu'à l'heure qu'il est, je vais repousser encore et encore le moment d'aller tenter de dormir. Cela fait bien longtemps que je me couche à l'heure où la plupart d'entre vous se lèvent. Histoire de tremper le croissant de lune dans mon café du matin. Cinq heures et demie, six heures, parfois sept. C'est ainsi. J'attends que le sommeil m'assomme pour aller m'allonger. Je me pousse chaque nuit à la limite de l'épuisement. Pour tomber tout de suite. Pour éviter que tournent dans ma tête les mauvaises images, les mauvais films. Ça, c'est l'explication pratique. Il en est une autre, dont Maman est la seule responsable.

— Moi ! s'écrie Maman, surprise.

— Oui, toi.

— Qu'est-ce que j'ai encore fait ?

— Oh ! rien de mal. Bien au contraire.

Je n'aime pas la lumière du jour. La nuit me rassure. J'y puise toutes mes forces pour supporter sa suite. Je ne vais pas jouer les psys d'occasion, mais je crois avoir trouvé la raison pour laquelle je suis tant attaché à cette obscurité protectrice :

J'étais si bien dans le placenta !

Personne ne possède la mémoire de ses premiers instants de vie. Moi si ! Même si « mémoire » est inadéquat. C'est plutôt une sensation incrustée en moi de façon surprenante. Un flash bien précis. Peut-être chacun de nous l'a-t-il enfoui au plus profond de son subconscient, mais sans aucune possibilité d'émergence. Pour ma part, ma conscience m'imprime régulièrement cet éclair blanc qui correspond à ma sortie du ventre de Maman.

Cela paraît incroyable et physiologiquement certainement inexplicable, mais j'ai le souvenir précis de mon passage à la vie réelle. Une apesanteur chaude et humide, et d'un coup la lumière aveuglante. Blessante. Je ressens encore réellement l'aspiration de tout mon petit corps vers l'extérieur. L'étau autour de ma tête et l'expulsion d'une violence étonnante. Et puis, un soubresaut interne extrêmement désagréable qui m'a secoué longtemps après être sorti. Je suis même capable d'identifier, chaque fois qu'il m'arrive d'en retrouver un presque semblable, ce goût âcre dans la bouche qui m'a envahi le palais au moment de mon premier contact avec l'air du dehors. Une sale acidité. Presque putride.

C'est dans cette sensation plus que repoussante que se trouve peut-être ce refus de la lumière du jour. Ce besoin de rester le plus longtemps possible éveillé dans la nuit placenta. Alors, je traîne mes recroquevillements de fœtus jusqu'à l'aube. Le plus souvent, quand le temps le permet, assis dehors, le nez dans les étoiles ou les nuages. L'hiver, derrière des fenêtres, en attendant que les premières lumières se dessinent.

Cette nuit, je me suis installé de nouveau sur la terrasse. Je me repasse sur l'écran bleu-noir du ciel de nuit les secousses de la journée. Et l'« infect » me renvoie à l'« affect ». À mes amours ou assimilées. Les femmes de ma vie. En tout cas, en ce jour de haute trahison, à celles que j'ai épousées.

Chaque fois que j'annonce quatre mariages, il y a quelqu'un pour ajouter en souriant : « Et un enterrement. » En principe, la personne s'excuse aussitôt :

— Oh, pardon !

Je le rassure toujours avec un grand sourire.

— Ne t'excuse pas… C'est la vie.

Quatre mariages donc. Et je ne regrette rien. Non, rien de rien ! Même si je pense, en souriant de cette association d'idées des plus naïve, qu'une vigilance de « synchronicité » aurait pu m'en éviter un. Celui qui justement aujourd'hui tourne au cauchemar. Martine Pailler, la première, Françoise Nicod, la troisième, et Nathalie Gaches, la quatrième, ont toutes des identités composées de quatorze lettres. Celle qui manque à la liste, seize. J'aurais dû me méfier.

J'ai fait cette constatation ludique, amusé, après avoir compté quatorze étoiles au ciel de cette nuit d'été. Et puis j'ai vagabondé dans ma vie amoureuse. Un vrai labyrinthe. Et surtout le constat de mon inaptitude à l'équilibre. Les petites filles rêvent du prince charmant, paraît-il. Hélas ! je ne suis ni prince ni charmant. Amant, confident, ami, frère, protecteur toujours, mais amoureux transi, jamais. Désolé !

Je les ai aimées, bien sûr. Toutes. Mais sûrement pas comme elles l'auraient souhaité. Je m'en excuse encore, mais l'adoration extatique est au-dessus de mes forces. Je n'aime pas la Saint-Valentin et j'oublie les dates d'anniversaire. Je déteste ces conversations récurrentes qui tendent à analyser pendant des heures pourquoi l'on s'aime, ce qui nous lie ou nous oppose. Mon romantisme a banni depuis longtemps les longs poèmes et les bouquets de fleurs.

En revanche, je ne promets jamais ce que je ne pourrai pas tenir. J'ai toujours une épaule de secours au moindre chagrin. Et surtout, je m'applique à ce que celle qui m'accompagne puisse s'accomplir en dehors de moi. Je considère que personne n'appartient à personne. En conséquence de quoi, je ne fouille jamais dans un jardin secret.

Et puis je baise seulement.

Parfois tendrement, langoureusement. Parfois moins. À l'instinct. À la demande. Non, je ne fais pas l'amour, parce que l'amour ne se fait pas. Le sexe et l'amour ne sont pour moi ni dissolubles l'un dans l'autre, ni complémentaires. Ils sont étrangers. Une femme peut rester avec un homme uniquement pour l'amour, jamais pour le sexe seulement.

J'aime aimer. J'aime le sexe. Mais ce que j'aime surtout, c'est brouiller les pistes. Avouer que l'on est profondément romantique est bien trop dommageable. Au moindre faux pas, au moindre manque de bienséance, la princesse hurle au déshonneur. Alors que le phallus en étendard chasse les idéalistes intransigeantes. Ne restent que les reines vives, les incomparables, qui bousculent la forfanterie de façade pour aller voir derrière le masque. Et derrière le masque, si tu savais… Mais chut ! J'en ai déjà trop dit. Je fais tant d'efforts pour dissimuler mes extrêmes tendresses derrière ma grossièreté, qu'il serait dommage de dévoiler mes trompe-l'œil ici. Où serait la surprise ?

— Et si ta boulimie de sexe était ton indispensable exutoire pour rester en vie ? avance Maman.

— Sigmund est venu remplacer Gabin ?

— Non, c'est juste une hypothèse pour que tu n'en fasses pas une culpabilité de plus.

— T'inquiète pas, Maman, j'assume… J'assume tout.

Tout bien pensé, elle a certainement raison, Maman. Encore une fois. « Eros » et « Thanatos » L'orgasme qui conjure la mort. Le soir de la disparition du petit, je n'ai éprouvé aucune tentation de drogue, d'alcool, et Dieu sait si j'avais de bonnes raisons. J'ai choisi le sexe, comme ça, à la va-vite, avec cette sensation étrange que ça ne collait pas à la situation, mais que c'était indispensable. Sigmund, justement, pourrait l'expliquer mieux que moi. Moi, je n'essaie même pas de l'expliquer. C'est ainsi.

Chacun ses issues de secours. Les miennes donnent sur des bouches, des ventres. Et va savoir si ce n'est pas mieux que de déboucher dans des rues arrière pavées de mauvaises intentions. « Il ne faut pas se méfier de ceux qui baisent trop, il faut se méfier de ceux qui baisent pas ! » me disait mon bon Frédéric. Le sexe jeu m'a débarrassé de toutes mes frustrations, de toutes mes aigreurs. Je suis généreux, intègre, et soucieux des autres. Je suis persuadé que mon appétit de caresses données et rendues a fortement contribué à cet équilibre moral Le péché de chair n'en est pas un. Bien au contraire. Si l'abstinence était garante de bonne conduite, ça se saurait. Réfléchis-y, Benoît !

Voilà, dessiné à gros traits, l'homme que je suis. Volage, solitaire, méfiant et inconsolable des chagrins d'amour que j'ai eus et de ceux que je n'aurai plus. La femme est l'avenir de l'homme, dit le poète. Pour moi, elle n'est qu'un présent. Un cadeau à quelqu'un qui ne la mérite sûrement pas. Et pourtant, j'ai été le plus jeune marié de France, en 1970, et depuis pas un jour ne s'est passé sans qu'une femme habite dans un coin de mon cœur. Un coin seulement. Le reste est pour mes enfants, mes amis, et le public qui m'accompagne sans arrière-pensées.

Alors, ce soir, après le pardon accordé à celle qui m'a fait du mal, je sollicite celui de toutes les autres qui m'ont fait du bien. Pardon de n'avoir pas été celui dont vous rêviez. Avec une circonstance atténuante toutefois : je ne m'étais jamais engagé à l'être.

— Elles vont être déçues, me souffle Maman.

— Je ne crois pas. Elles me connaissent. Mal, mais elles me connaissent. Elles savaient toutes dans les doigts de qui elles mettaient leur peau et leur âme. Et puis, vu l'amour absolu qui nous lie toi et moi, la concurrence était bien rude.

— J'en suis fière, mais un peu désolée pour elles

Et je conclus en souriant :

— Comme ça, on est deux !

Ce n'est pas l'abomination du jour qui m'a poussé à écrire ces mots. C'est la sincérité. La distance que je m'impose en amour vient du simple fait que je suis un homme à femmes, mais qu'en aucun cas les femmes ne sont à moi.

Et c'est sur cette pensée éclairée par le jour qui se lève que j'ai décidé d'aller rejoindre celle qui dort dans mon lit. Pour l'instant. Il ne faut jamais dire « pour toujours », il se pourrait que ça arrive. Et pourquoi pas ? À l'heure où l'infamie du jour souligne à grands traits ma grossière erreur d'avoir choisi celle qui la propage, je m'aperçois peut-être encore plus de la chance que j'ai de dormir auprès de celle qui m'accompagne aujourd'hui. Même si elle a un défaut que je ne lui pardonnerai jamais : ne pas être arrivée plus tôt dans ma vie.

Ce chapitre sera plus court que les autres. Il ne mérite pas plus. L'horreur est dehors. Le bonheur est ici. Je vais aller me blottir contre mes femmes. Pas sûr que, ce soir, Lily soit la plus enfant de nous trois.

À demain.

On reparlera de Piaf.

Ce que j'ai appris aujourd'hui est tellement hallucinant.

VENDREDI 13

18 août 2010.

Piaf attendra.

Les vautours attaquent.

Il ne fait pas beau dehors. Mais alors, pas du tout. Novembre s'est invité en août. Ciel bas. Vent. Froid. La même bruine que dans les derniers jours avant la mort de Maman. Mais là, c'est moi, le gisant. Et la question me harcèle : Pourquoi veulent-ils m'euthanasier ?

Le pardon suggéré par Maman a éteint le feu. Mais les braises crépitent. Et les charognards ont sorti le soufflet de forge pour m'attiser rouge vif. Le journal s'appelle *La Dernière Heure.* Hasard, bien sûr. Mais la tentation est forte d'y voir un signe de la mienne prochaine. Médiatique, en tout cas. Ça sent tellement l'assassinat programmé.

Ils sont belges. Et ils ont repris les vomissures du torchon français. En pire. Dans l'hebdomadaire français, ils ne faisaient que relater à travers une interview les calomnies de Mme mon « ex-ex » (ma seconde femme, avant la troisième et la quatrième, qui, par bonheur me soutiennent de toutes leurs forces). Là, ils affirment, les Belges. Ce n'est plus elle qui délire, ce sont eux qui informent : « Patrick Sébastien battait sa femme. » Comme seule preuve de ce qu'ils avancent, ils parsèment des bribes de l'interview parue dans le torchon.

Et pour bien enfoncer la dague, l'article est suivi d'un récapitulatif des violents célèbres. Mel Gibson, Charlie Sheen, Bobby Brown et bien entendu Bertrand Cantat. Et me voilà, sur un ragot sans aucun fondement, étalonné à des monstres avérés, jugés et condamnés. Ça, tu vois, ça fait très, très, très mal. La vérification de l'information, la présomption d'innocence, autant de beaux concepts déontologiques écrasés, broyés. Vive la Belgique ! Ciel, le complot s'européanise !

C'est vrai qu'à la lecture de cette saloperie, encore plus immonde que la saloperie de base, je commence à me poser d'autres questions. Est-ce que finalement l'idée, à laquelle je ne croyais pas beaucoup, que tout ce déchaînement viendrait du DARD ne serait pas une piste à privilégier ? Parce que enfin, tout ça est tellement énorme. Ce relais d'accusations fausses sans aucune précaution, sans que je reçoive aucun appel téléphonique pour, au moins, me demander ma version des faits, m'apparaît de plus en plus louche. Et puis cette insistance à me condamner sans l'ombre d'un procès, sans aucun fait avéré, sans la moindre preuve réelle, ça sent quand même la grosse arnaque, non ?

Alors, j'imagine deux possibilités sans accréditer ni l'une ni l'autre.

Soit on a cherché quelque chose, on a trouvé « Mme ex-ex », et on l'a payée pour qu'elle balance n'importe quoi pourvu que ce soit du lourd. Soit c'est d'elle-même qu'elle s'est lâchée pour les raisons que tu sais. Et on a sauté sur l'aubaine pour me faire payer au prix fort mon engagement humaniste qui, il faut bien le dire, en a bousculé plus d'un. Si c'est la dernière hypothèse, je ne suis pas le premier, et ne serai pas le dernier sur lequel on lâche les chiens.

Même pas peur !

C'était le titre de la chanson qui terminait *Le Plus Grand Cabaret du monde* l'année dernière. Je balançais, sourire aux lèvres, au milieu des confettis et des mains qui battaient : « Et j'emmerde le roi, sa garde nationale qui a prédit de moi que je finirais mal ! »

La garde nationale a-t-elle sorti les piques pour mettre ma tête au bout ? Rien ne le prouve. Mais l'acharnement gratuit au mépris de toutes les règles de déontologie journalistique laissera quand même planer un gros doute, quelle que soit l'issue de la chasse à courre. De toute façon, qu'il s'agisse d'une simple vengeance passionnelle, d'une machination médiatique ou du carambolage des deux, le mal est fait. Et ça, pour les uns ou pour l'autre, c'est toujours ça de gagné.

Je ne me fais aucun souci sur le rétablissement de la vérité. Ce n'est qu'une question de jours. Le temps me donnera forcément raison puisque absolument rien n'étaie les accusations. Mon droit de réponse et celui d'Olivier paraîtront samedi dans le torchon. Déjà, dès demain, *La Dernière Heure* publiera ma version et des excuses.

Quand j'ai eu le rédacteur en chef au téléphone, il était plus qu'ennuyé.

— Mettez-vous à ma place, ai-je argumenté calmement. Vous relayez des calomnies sans aucune vérification. Vous m'assimilez à des assassins avérés. Puisque vous êtes belge, vous allez mieux saisir ce que je peux ressentir. Imaginez votre photo étalée à la une à côté de celle de Dutroux, pour des accusations de pédophilie totalement inventées !

Il s'est confondu en excuses. Mais, encore une fois, le mal est fait.

Et si ça se trouve, ce n'est que le début. D'autres vont peut-être prendre le rouleau compresseur en marche. Il faudra démentir, argumenter, se battre. Être obligé de prouver mon innocence en face de quelqu'un qui n'a aucun élément pour prouver une quelconque culpabilité.

— Tu ne vas pas te faire de mal ? m'a dit Nana, inquiète, au moment où je passais la porte.

Elle me connaît tant. Elle a lu mes regards. Elle sait bien que la corde, la chaise et la poutre sont déjà prêtes quelque part. Parce que je lui ai toujours juré, comme je me le suis juré à moi-même, qu'à défaut d'avoir pu choisir mon arrivée, je choisirais mon départ. À moins que la mort me vole ça aussi. On ne peut pas préjuger, elle est tellement joueuse.

— Non, je ne pense pas à ça.

Bien sûr que j'y pense. Pas par désespoir. Pas par désertion devant l'insoutenable. Après les mille coups de poignard que j'ai reçus, je peux tout soutenir. Et puis, comme je te l'ai dit plus haut, ce n'est qu'une question de temps. Quelques jours à tenir avant que la vérité s'imprime en lieu et place des crachats. Qui sait d'ailleurs si les mêmes qui m'ont fait coupable sans jugement ne m'abreuveront pas de leur compassion et d'un respect encore plus grand après la révélation de la vérité ? Le fameux bien pour un mal dont je t'ai déjà longuement entretenu. Je parierais bien. Je suis quasiment certain de gagner. Même si je sais aussi que, tout le reste de ma vie publique, il flottera toujours dans l'air cette odeur de fumée sans feu que même la plus criante des vérités ne peut dissiper.

Je pense au suicide par lassitude.

Fatigué de l'air ambiant. Usé de tout. Pas seulement des drames. Mais des plaisirs aussi. Avec au cœur cette sensation étrange, et bien plus dangereuse, que j'ai de toute façon accompli mon chemin. Et que rien de ce qui s'annonce ne peut être pire, ni meilleur. Je ne suis pas énervé, bouillant. Je suis calme et réfléchi, c'est bien pire.

Alors, je suis parti encore une fois errer en voiture pour tenter d'additionner les raisons qui pourraient m'encourager à faire encore un petit bout de route. J'y ai trouvé Lily bien sûr, Nana, Marie, la fille de Sébastien, et puis Olivier et Benjamin, mes garçons, quelques vrais amis à qui je manquerais sincèrement. Et aussi, au-delà des personnes, quelques instants de grâce peut-être : la robe d'un vin, l'odeur des étangs au lever du jour, la cabriole d'un acrobate chinois, l'accolade d'un trisomique (tu peux pas savoir comme c'est chaud), un de mes refrains repris par des gosses... Et puis... Et puis... Pas grand-chose.

— Et la clé ? m'a soufflé Maman, qui s'était tue depuis un long moment.

— Quelle clé ?

— Je te connais par cœur, tu n'as jamais laissé des mots croisés inachevés.

J'ai souri.

— Je dois rester en vie pour finir une grille ?

— En quatre lettres : « Moins damoiselle que dame oiseau. »

— Je ne vois pas.

— Piaf.

— Mais oui, bien sûr.

— Ce que tu as appris sur elle, hier, t'a renversé, non ?

— Pas qu'un peu.

— Alors, raconte-leur. Et cherche, mon petit. Cherche. Il y a certainement un fil qui relie tout ça.

Finir la grille de mots croisés.

Déchiffrer l'énigme.

Voilà un beau programme, qui mérite que je continue le chemin. En tout cas, jusqu'à ce que je trouve. Cela doit te paraître bien fantasque que la perspective d'un irréel à déchiffrer pèse plus que le chagrin éventuel de ceux qui m'entourent si je décidais de les quitter. C'est que tu ne soupçonnes pas à quel point le réel, ses plaisirs et ses horreurs m'ont résigné. Je n'en éprouve aucun scrupule, aucune culpabilité. Parce qu'elle est présente plus que jamais, ma phrase de chevet que je t'ai serinée mille fois. La devise de papa Frédéric. Le Dard qui m'a inoculé la lucidité. « Je suis un vieux fœtus blasé, ma vie m'aura servi de leçon, je ne recommencerai plus jamais. »

À travers la baie vitrée, des halos ont encerclé les spots sur la terrasse. Je suis allé embrasser Nana pour la rassurer. J'ai murmuré dans son demi-sommeil :

— Je suis rentré. Tout va bien... Normal, le nuage de brume vient d'arriver sur la terrasse.

Elle a souri. Apaisée.

Je vais donc pouvoir me remettre à écrire jusqu'à l'aube. Pour évoquer encore une fois Piaf et ce hasard extraordinaire inscrit dans l'église de Gluges, dont j'ai appris aujourd'hui qu'il va bien au-delà d'une coïncidence de proximité géographique.

On surnomme Martel la Ville aux sept tours. J'y ai toujours vu le symbole de mes sept vies artistiques. Imitateur, chanteur, animateur, producteur, comédien, compositeur et auteur. Petit clin d'œil personnel à ce coin de paradis où j'ai planté mes nouvelles racines il y a plus de trente ans déjà. À l'époque où le mètre carré de terre valait cent fois moins cher que le mètre carré de moquette. J'ai choisi ce coin du Lot par passion. J'ai toujours été amoureux de cette terre faite de rocaille et d'eau : les châteaux qui émergent à chaque méandre de la Dordogne, les moutons-fleurs piqués dans l'herbe rase, les falaises claires au flanc desquelles serpentent des routes ombragées. Le silence, la paix, la mesure.

C'est Domenech qui m'a déniché ce havre de paix. Je parle du Domenech tout en panache, le Domenech du rugby. Le « Duc », une légende de l'ovalie des années soixante, dont je t'ai parlé dans le livre précédent. Beaucoup supposaient qu'il était mon géniteur, certains en sont encore convaincus. Rien n'est moins sûr. Ce qui est certain, c'est que, via son agence immobilière, il m'a ancré à un vrai « chez-moi ». Il n'est certainement pas l'auteur de mes premiers jours, mais restera le compositeur de mes derniers. Il est hors de question qu'une autre musique que celle du vent dans mes arbres m'accompagne à ma dernière demeure.

Le fil à dénouer dont parlait Maman plus haut passe obligatoirement par là. À l'à-pic du bout de la propriété, il y a les falaises de Gluges. À un kilomètre à vol de piaf. Et c'est véritablement le cas de le dire. Comme je te l'ai confié précédemment, Édith a offert les vitraux de la petite église troglodyte de Gluges.

— Semi-troglodyte, a rectifié Mme Vialatte lors de ma visite.

Et elle a ajouté, fière :

— Il y a eu un trésor caché à l'intérieur. Des reliques rares.

C'était il y a quelques jours. Pour la première fois, j'ai voulu voir de près l'église où la Môme avait fait ce don inattendu. La place « Édith-Piaf » est le seul lieu du village qui porte une plaque. La porte était close et une voisine m'a conseillé d'aller parler avec cette Mme Vialatte, la présidente des Amis de Gluges, une petite bonne femme charmante. Au frais de sa cuisine, elle m'a confié ce qu'elle savait de l'histoire.

Un soir, dans les années cinquante, le curé Delbos s'apprêtait à fermer son église lorsqu'il a remarqué une femme qui priait au fond. Il lui a demandé de quitter les lieux. La petite dame en noir lui a lancé :

— Vous ne savez pas qui je suis ?

— Non, répondit le brave curé, peu au fait du show business dans une vie exclusivement vouée à Dieu et à ses ouailles.

— Je suis Édith Piaf. J'ai remarqué que vos vitraux sont brisés, je vais vous en offrir des neufs. Mais à une condition.

— Laquelle ? avait demandé le curé tout éberlué d'une telle générosité.

— Que vous n'en parliez à personne avant ma mort.

— Je vous en donne ma parole.

Et c'est ainsi que le 13 octobre 1963, deux jours après la mort de Piaf, après avoir caché soigneusement le secret pendant des années, le curé Delbos dévoilera le nom de la généreuse donatrice.

La gentille Mme Vialatte m'avoua que c'était tout ce qu'elle savait. Le curé Delbos, dans ses mémoires, n'en avait guère dit plus.

— Y a-t-il eu des faits troublants autour de cette église, du bizarre ?

— Aucun, m'affirma-t-elle. Et pourtant nous sommes dans une région où la sorcellerie et le mysticisme sont très présents. Il y a même quelqu'un, dans un village voisin, qui a écrit plusieurs livres là-dessus Et même des choses ayant des rapports avérés avec le *Da Vinci Code.*

J'ai raconté à la dame le pourquoi de ma démarche. La « malédiction ». Le hasard étonnant qui m'avait fait choisir ma maison à deux pas d'une église marquée par Piaf d'une façon exceptionnelle.

— Ce serait formidable si la date du passage de Piaf correspondait à une période essentielle de ma vie, ai-je avancé. Est-ce que ça ne se serait pas passé en 1953 ? C'est mon année de naissance.

J'ai été presque déçu de sa réponse.

— Je ne sais pas, mais je ne pense pas. Ce que je sais, c'est que les vitraux ont été installés en 1958. Ça, c'est sûr. Vous avez vu comme la rosace est belle ! Vous voulez visiter l'église ? Elle est fermée, mais je peux vous l'ouvrir.

J'ai décliné l'invitation. Je ne sais pas pourquoi. Une sorte d'appréhension. Ou peut-être une envie de ne pas précipiter les choses. Comme pour me ménager les surprises à venir.

De toute façon, j'étais en retard pour mon dîner d'amis.

Pendant toute cette soirée-là, nous n'avons parlé que d'étrange. Que de ces « synchronicités » auxquelles la plupart de mes convives étaient très attentifs. En particulier Carole, la maman de Louis, le petit garçon que j'avais accompagné au bout de sa leucémie.

Elle nous confia :

— C'est étrange, comme Louis et René Coll ont eu une fin parallèle. Quand René s'affaiblissait, Louis aussi. Quand il y avait une éclaircie pour l'un, l'autre semblait se régénérer.

Dans *Tu m'appelles en arrivant*, je t'ai décrit au jour le jour le combat de René Coll, mon chef d'orchestre, mon ami, un autre papa de substitution, contre la maladie. Louis se battait aussi. Et Maman s'éteignait. Une trinité tragique. Le père, le fils, et le saint-esprit de Maman qui, au fur et à mesure qu'il s'éloignait d'elle, pénétrait en moi. À la fin du livre, au moment précis où on enterrait Maman, le 25 novembre à 15 heures, René sortait du coma et on tentait une greffe sur Louis.

René mourra deux mois plus tard et Louis le suivra de peu, malgré la réussite de la greffe.

Au-delà de la proximité du départ annoncé de ces trois personnes essentielles à ma vie, il y avait eu bien des signes indéchiffrables. Des musiques communes, des rêves prémonitoires, et des vagues d'espoir et de renoncement quasiment calqués, comme je te l'ai dit plus haut.

Carole alla encore plus loin.

— Un après-midi, je faisais des courses au supermarché, à Clermont, où était hospitalisé Louis. Une femme en noir m'a tapé sur l'épaule. Elle m'a demandé si j'avais un fils hospitalisé. Totalement étonnée, j'ai répondu que oui. Elle m'a demandé son prénom, que je lui ai donné. La caissière m'a interpellée et, le temps que je me retourne, la femme en noir avait disparu.

Après avoir essuyé ses yeux humides, elle enchaîna :

— Tous les jours, en allant à l'hôpital, je passais devant une borne. Une sorte de grosse pierre. Le lendemain de la rencontre au supermarché, j'ai été pétrifiée en passant devant la borne. Il y avait écrit : « Louis… Noël. » Jean-Jacques a même fait une photo.

Jean-Jacques, son mari, acquiesça et, les larmes aux yeux lui aussi, dit pour conclure :

— Louis a définitivement plongé le soir de Noël. Il n'a plus jamais repris conscience.

Nous avons ainsi passé une partie de la nuit à échanger nos croisements de hasard. Certains dramatiques, d'autres plus légers. Et, comme il fallait bien finir avec le sourire, nous avons levé nos verres à la santé de Maman, de Louis et de René.

— Et je vais même remettre une tournée de champagne à la santé de Piaf, ai-je lancé en riant. Ne vous inquiétez pas, c'est moi qui essuie les verres au fond du café !

Le lendemain, Carole m'a appelé :

— Merci pour la soirée d'hier. C'était formidable. À propos, il faut que je te dise. Ce matin, j'ai nettoyé la voiture avec laquelle on a déménagé avant-hier une maison qu'on doit habiter. Il avait fallu transporter deux cents CD. Je croyais les avoir tous sortis. Je me suis aperçue que j'en avais oublié un. Tu devines lequel ?

— Piaf ?

— Évidemment.

Et ça continue !

Le soir même, mon ami Fabien Lecœuvre a fait une halte à la maison. J'aime beaucoup ce petit bonhomme en sourire, auteur, biographe, fouilleur de secrets, qui connaît les petites histoires du show-biz dans les moindres détails. Comme je lui racontais la soirée de la veille, il m'a fait découvrir des coïncidences aussi étonnantes que tragiques concernant Claude François, dont il a été le biographe et surtout l'ami.

— Tu te souviens de Kathleen, la dernière fiancée de Cloclo, celle qui l'a sorti de la baignoire après l'électrocution ?

— Oui.

— Eh bien, est-ce que tu sais pourquoi elle avait quitté les États-Unis quelques mois avant de le rencontrer ?

— Non.

— Parce que son frère s'était électrocuté, et qu'elle voulait oublier ce drame !

Ça pourrait presque faire sourire, tant le destin est tragiquement farceur.

— Et attends, c'est pas fini ! ajouta mon Fabien, jubilant d'apporter de l'eau au moulin de mes croyances occultes. Cloclo avait acheté son appartement du boulevard Exelmans bon marché. Et pour cause. L'ancien propriétaire avait voulu s'en séparer au plus vite à la suite de la mort de sa femme qui s'était ouvert les veines… dans la baignoire !

C'est vrai que ça commençait sérieusement à ressembler à une malédiction.

— Et pour finir, conclut Fabien, il faut que tu saches aussi ce qui s'est passé après. Celui qui a racheté l'appartement de Claude a décidé d'intervertir la chambre et la salle de bains pour conjurer le mauvais sort. Quelques mois plus tard, il a retrouvé sa femme suicidée aux barbituriques sur le lit de la chambre !

N'en jetez plus !

On a continué toute la nuit à évoquer les « synchronicités » célèbres. Kennedy et Lincoln évidemment, mais aussi les tragédies liées à la voiture dans laquelle James Dean s'est tué, la mort du fils de Bruce Lee et, bien sûr, la prémonition hallucinante du naufrage du *Titanic* : un roman intitulé *Futility*, paru quatorze ans avant la catastrophe, où l'auteur, un certain Robertson, racontait l'histoire d'un paquebot heurtant un iceberg. Même tonnage. Même nombre de victimes. Le drame provenait en avril, comme pour le *Titanic*, et le bateau du roman s'appelait *Le Titan*.

Impressionnant !

La soirée avec Fabien s'est aussi terminée en levant nos verres à la santé de ceux qui nous manquent. Show-biz oblige, on y a aussi ajouté nos Carlos, Balavoine, Gérard Blanc, C. Jérôme, Bachelet, Joëlle, etc. Notre jeunesse.

Avant de rejoindre la chambre d'amis, il m'a quand même lancé, en copain consciencieux :

— Dès que je rentre à Paris, je vais fouiller dans la vie de Piaf, pour essayer de trouver à quoi correspond sa visite à Gluges. Je ne te promets rien. Mais le hasard, encore lui, fait que j'ai en ma possession les agendas de Jacques Pills, son mari à cette époque. Tout est noté au jour le jour. Je t'appelle dès que j'ai quelque chose.

Fabien m'a appelé, deux jours plus tard.

Et ce qu'il m'a appris est incroyable.

Vendredi 13

Je ne sais pas si tu es sensible à la superstition du vendredi 13. Certains y voient la chance, d'autres, la déveine. À titre personnel, le seul vendredi 13 qui me parle, c'est celui qui a précédé ma naissance. Je suis né le samedi 14 novembre 1953. Mais dans *Tu m'appelles en arrivant*, j'ai surtout évoqué la veille, ce vendredi 13 novembre 1953. C'est ce jour-là que j'aurais dû naître. Mais une sage-femme, bonne-sœur accrochée au sacré, avait laissé souffrir Maman pour lui faire expier sa faute d'être fille mère. Torture d'une autre époque au nom d'une religion intraitable sur le péché de chair.

Et pendant que Maman se tordait sur son lit de douleur à la maternité de Brive, pendant que la servante de Dieu ne voulait pas l'aider à se libérer de moi au nom du dogme, pendant que Maman était punie d'avoir été aimée par un homme qui n'assumait pas son acte, pendant qu'on retardait mon arrivée sur terre pour des principes religieux, tu sais où elle était, Édith Piaf ?

Elle priait dans l'église de Gluges !

Les notes de Jacques Pills sont précises : Édith Piaf est entrée pour la première fois dans cette église le 13 novembre 1953 !

Elle y a prié Dieu pendant qu'une de ses représentantes sur terre repoussait ma naissance en imposant à Maman d'atroces souffrances. C'est pendant cette torture-là qu'elle a rencontré le curé Delbos et qu'elle lui a offert de lui payer des vitraux neufs en lui imposant de ne pas en parler avant sa mort. Et je suis venu m'installer en 1978 au plus proche de cette église, en ignorant tout de cet événement, mais en étant déjà sujet depuis longtemps à la « malédiction ».

Alors, bien sûr, les questions affluent.

Pourquoi cette église-là ? Pourquoi ce jour-là ? Elle aurait pu être n'importe où dans le monde. Pourquoi ne pas parler de ce don avant sa mort ? Pourquoi ai-je construit mon nid si près ?

— Tu es certain de ce que tu avances ? ai-je demandé à Fabien, à la fois stupéfait et exalté.

— Parfaitement. Elle logeait chez des amis à Cressensac. Elle avait pour habitude de prier dans beaucoup d'églises. Tout est noté. Le 13 novembre 1953, elle était bien à Gluges, et le 14 à Martel. Il y a encore un détail, mais je ne sais pas si ça correspond à quelque chose pour toi. En fait, la première fois qu'elle est passée à Gluges, c'était le 21 juillet de la même année. Mais elle n'était pas entrée dans l'église, elle était restée sur la place. Ça t'évoque quelque chose, le 21 juillet 1953 ?

— Le 21 juillet 1953, non. Mais le 21 juillet 2010, oui. C'est la nuit de l'« exorcisme », tu sais, quand j'écrivais le chapitre sur Piaf et que Lily a fait ses convulsions.

Alors, tu en penses quoi, toi ?

Moi, il faut que je prenne du recul. Que je cherche encore. J'ai trouvé la serrure, c'est déjà ça.

Pas la clé. Pas sûr du tout que je la trouve avant de mourir.

— Après peut-être, me souffle Maman. Quand tu rencontreras Dieu. Là, tu seras bien obligé d'y croire. Mais j'aimerais tant que tu y croies avant.

Je n'ai pas répondu à Maman.

Et si elle avait raison ?

Il me faut encore du temps.

Je ne suis pas certain d'être prêt.

Piaf, sa croix autour du cou, m'a poursuivi toute ma vie.

Piaf priait dans l'église de Gluges le 13 novembre 1953.

Elle aurait pu être n'importe où ailleurs, mais elle était là.

Ma vie est là.

Le 13 novembre 1953, je naissais.

Presque.

Est-ce que ce soir, je crois en Dieu ?

Presque.

L'OISEAU DU VITRAIL

Ça sent le zoo.

Les grilles de rentrée.

Je vais retrouver les rhinos féroces, les serpents à sornettes, les alligators et à travers. Pendant deux mois, j'ai gambadé en liberté dans la savane. Je retourne en cage. De nuits plus fraîches en aubes tardives, août s'éteint. Ne me restent que les acouphènes charmants des bravos de la foule. Le week-end dernier, encore, du Jura à l'Isère, ils étaient des milliers, chaleureux et authentiques. Et là, les mêmes peut-être, de retour de vacances, s'entassent en sardines, mine grise, dans les embouteillages d'arrivée sur Paris, pour cause de travaux. Comme pour rappeler au transhumant de retour qu'ici les portes de prison ont des noms : Italie, Orléans, Saint-Cloud.

C'est dans mon bureau de nuit que j'ai choisi de mettre un terme à ce livre. Je l'avais programmé sur deux mois. Juillet, août. Parce qu'il était censé faire beau dehors. Et il a fait beau, hélas ! Je m'en tiendrai là. Je n'ajouterai ni ne retirerai rien, quels que soient les événements à venir d'ici la sortie en librairie prévue pour février 2011. J'avais promis un instantané, je ne veux surtout pas y faire de retouches. Ça n'en serait plus un. Et tant pis pour les incongruités éventuelles.

J'avais décidé cet espace-temps en espérant des émotions, des rires, des tendresses, des colères et des larmes. Mission accomplie. Je vais user mes nuits à d'autres écritures. Celle-là restera la photo d'un été, tout compte fait, assez ordinaire. Des diapos confidences que je me repasserai plus tard pour me désennuyer quand je serai en manque d'avant dans ma retraite d'après.

— Pas si ordinaire que ça, me reprend Maman. Un cancer, des spectacles, la calomnie, les coïncidences.

— Bof !

— Pourquoi en avoir fait un livre, alors ?

— Parce qu'il faisait beau dehors, je l'ai déjà dit cent fois.

— Seulement ?

— Seulement.

— Tu oublies la clé.

— Comme je ne la trouverai pas, ça ne change rien.

— Et pourtant elle est tout près de toi..., chuchote Maman en souriant.

— Ah bon ?

— À ta gauche, sur ton bureau... Ton portable.

— Il faut que j'appelle quelqu'un ?

— Non... Réfléchis.

— Je ne vois pas.

— La dernière photo que tu as prise...

J'ai ouvert mon téléphone et je suis allé aux images. Bon, d'accord, c'est très joli, éclatant de couleurs. C'est vrai que j'ai voulu absolument garder une trace de mon passage dans l'église de Gluges. Mais, mis à part la beauté chromatique, je n'y vois aucune preuve tangible. En la tournant à l'envers peut-être. Attends, j'essaie... Non, rien de flagrant.

— Et l'oiseau, est-ce qu'il est noir ? demande Maman.

— Non, il est blanc... Et alors ?

Elle ne s'est même pas donné la peine de me répondre.

J'avais compris.

Il y a deux jours, je suis revenu à Gluges voir Mme Vialatte. La brave dame m'a accueilli de nouveau à bras ouverts.

— Ça me fait plaisir que vous soyez repassé… Alors, cette église, vous voulez la visiter ?

— Pourquoi pas.

— Vous allez voir, elle est magnifique.

Sur le chemin, on a parlé de la vie. De ses beautés et de ses cruautés. Elle m'a avoué être jumelle de chagrin avec moi. Elle aussi a perdu un fils. Il s'est suicidé à vingt et un ans.

— C'est fou que vous me parliez de vos coïncidences étranges, m'a-t-elle dit. Si je le dis à d'autres, ils me prendront pour une folle, je sais que vous, non.

— Si vous me dites quoi ?

— Mon fils s'est suicidé dans une forêt de la région parisienne. Moi, j'étais ici. Eh bien, au moment où ça s'est passé, je me suis réveillée en sursaut et j'ai hurlé son nom.

— Vous n'êtes pas folle, c'est normal, l'ai-je rassurée.

J'ai enchaîné :

— Il s'est suicidé pourquoi ? Déprime, chagrin d'amour ?

Elle s'est arrêtée, m'a donné un regard résigné et même pas triste, et a murmuré :

— C'était un idéaliste, il y a des gens qui ne sont pas faits pour ce monde !

J'ai failli lui répondre que je ne pensais pas être fait pour ce monde, moi non plus, mais je me suis abstenu. Mais sa réflexion m'a renvoyé à mes années Pigalle. À « Lulu », du Paradise, une gagneuse cérébrale. Il y en avait. Parfois, à la fermeture, ivre de tout, elle sortait le calibre que son homme lui avait donné… Au cas où. Elle retirait toutes les balles sauf une, faisait tourner le barillet et, avant de poser le canon sur sa tempe et d'appuyer sur la gâchette, lâchait toujours la même phrase : « Je crois que je ne suis pas faite pour ce monde. » J'ai assisté deux fois à cette provocation ultime. Sans dommage, par bonheur. Je n'étais pas là le matin où sa tête a explosé. Il paraît qu'elle avait corsé le jeu en ne retirant qu'une seule balle.

Paix à son âme.

C'est vrai qu'elle est belle, rassurante, lumineuse, l'église de Gluges, sur la place Édith-Piaf. Les stations de croix du Christ en décorent les murs. Un autel, deux chapelles et, au-dessus de la porte d'entrée, le vitrail éclatant de couleurs vives.

Je l'ai pris en photo.

C'est la clé.

Je ne l'ai pas remarquée tout de suite. Honnêtement, je m'attendais à autre chose, de plus parlant. Un visage incrusté. Un hologramme en transparence. Quelques mots, des chiffres qui auraient pu me sauter aux yeux et que j'aurais reliés à des événements personnels. Rien de tout ça. Si impatient de guetter le détail, je n'ai pas vu l'évidence : l'oiseau blanc, les ailes déployées.

Protecteur.

Bien sûr qu'elle est là, la clé !

J'ai fait fausse route depuis le début.

Piaf ne me poursuit pas de ses mauvaises ondes.

C'est le contraire.

Elle me protège.

Elle est mon talisman, mon bouclier… Mon ange gardien.

Et pourquoi n'y ai-je pas pensé plus tôt ? Au lieu de la maudire, j'aurais dû la louer. Au lieu de la fuir, j'aurais dû me l'imposer chaque jour. Parce que d'un coup, tout devient limpide, clair, éclatant : chaque étape de la « malédiction », chaque désagrément n'étaient en fait que des coups de main, des coups de chance, des coups d'amour.

Reprenons dans l'ordre.

Les radars sur la route pluvieuse de Brive à Rouen m'ont incité à une prudence dont je n'étais pas coutumier. L'accident était peut-être écrit. Et si elle me l'avait évité ?

Et l'autre accident. Le vrai. Celui qui a eu lieu à Bry-sur-Marne pendant qu'elle gueulait son *Accordéoniste.* Je m'en suis tiré sans dommage. La supposée fracture la veille n'était qu'une poussière le lendemain. Plutôt rare comme erreur de diagnostic, non ?

Les deux pneus éclatés juste à la sortie de la station-service. Pas au bout de deux kilomètres, lancé à pleine vitesse. Non, au démarrage, sans aucun risque d'embardée. Cinq minutes plus tard, j'aurais volé dans le décor.

Et puis la main fracassée sous le volet roulant de l'hôtel quand j'écrivais *Isatis.* Je voulais passer la tête pour aller sur la terrasse. Au dernier moment, j'ai préféré contrôler de la main avant. À peine effleurée, la masse couperet s'était abattue. Si j'avais passé le corps…

O.K., tout ça, c'est plus de la chance que du maléfique.

— Mais le petit, alors ? Avec son blouson de cuir noir et son aigle sur le dos.

Maman a enroulé encore une fois son bras autour de mon épaule et m'a murmuré :

— C'était écrit, hélas ! et rien ne pouvait l'empêcher. Quand Dieu décide, même les anges gardiens n'y peuvent rien. La présence de la Môme sur le blouson du petit, c'était juste pour te faire comprendre qu'elle allait veiller sur son âme. Comme l'annonce de ma fin prochaine après le coup de téléphone à l'« empiaffée ». C'était pour te prévenir qu'elle allait veiller sur la mienne.

Alors, ce serait donc ça, la clé ! Une faute d'interprétation. Et toutes ces précautions pour rien. Et toutes ces angoisses inutiles. Le soir de l'« exorcisme », Lily a convulsé, mais deux heures plus tard tout allait bien. Sans Édith, que serait-il arrivé ?

J'ai suspendu mon écriture.

Au bout de dix minutes, Maman a repris :

— Mon petit, je sais que tu vas encore me répondre que tu doutes, mais il faut vraiment que tu l'acceptes : tout ça, c'est Dieu. C'est Lui qui décide de tout. Il délègue juste des protections rapprochées pour que ce qu'Il a décidé d'écrire ne s'imprime pas avant l'heure. Et Édith est ton ange gardien le plus exceptionnel. Tout est parti de ses prières le jour où je te donnais la vie. Dieu l'a choisie ce jour-là, et l'a attirée dans cette église pour te protéger à travers elle.

— Pourquoi me protégerait-il plus qu'un autre ?

— Parce que tu es amour, mon petit. C'est ta mission sur terre.

— J'aurais été choisi ? ai-je avancé, rigolard.

— Bien sûr. Mais ne te prends pas pour autant pour le Messie. Vous êtes des centaines de milliers dans le monde entier et depuis la nuit des temps.

J'ai souri de nouveau en reniflant ma cigarette pour être bien sûr qu'on ne m'y avait pas mis un truc qui rend fou. J'ai enchaîné :

— Attends, Maman, j'ai rien de l'abbé Pierre. Je suis un clown grossier, paillard et exhibitionniste.

— Oui, mais tu es intègre et profondément attentif aux autres. Et cette poignée d'autres à qui tu t'adresses t'écoute bien plus que tu ne le penses. Tu es tout sauf un saint, mais tu prêches la compassion et la considération de chaque être humain. Tu pratiques le pardon à outrance. Que tu le veuilles ou non, ça s'appelle la parole de Dieu. Et même entre deux pirouettes de saltimbanque, ça fait son chemin. Ce n'est pas la soutane qui fait le prêtre. Et tout cet amour dont tu débordes, tout cet amour que tu rabâches à tout-va, qui crois-tu qui te l'inspire ? Dieu, mon petit. Dieu. Ta vie est un hymne à l'amour, et Piaf a été désignée par Dieu pour le chanter sur ton épaule.

J'ai suspendu une fois de plus mon écriture, pour me regrouper. Je serais donc un Rambo du cœur en mission spéciale dans les fêtes de village. C'est plutôt fun, mais ça va en faire marrer plus d'un ! Rien qu'en l'écrivant j'entends déjà les sarcasmes : « Saint Sébastien, voilà du boudin ! »

Mais finalement, pourquoi pas ? Je les sens tellement fortes ces chaleurs partagées quand je les serre dans mes bras, les oubliés, les authentiques, les blessés, les laissés-pour-compte.

— C'est le plus beau jour de ma vie, m'a pleuré dans les bras un trisomique de trente-cinq ans au gala dernier, en me serrant à m'étouffer.

— Vous n'imaginez pas le bien que vous lui faites, a ajouté sa mère, les larmes aux yeux.

Alors, soit ! Je suis ça : un apôtre festif et ridicule. Minuscule, mais essentiel pour certains. Dieu a décidé le plan de route et Piaf est mon agent de conduite.

— Mais toi, Maman, tu es où dans tout ça ? ai-je repris.

— En toi. Et pas que sur ton épaule, dans ton cœur aussi, mon petit. Partout. Dans chaque recoin. J'ai rejoint Piaf. Je suis ta sentinelle depuis peu, elle est ton ange gardien depuis toujours. Et pour que tu continues ta mission de semeur d'amour sans faiblir, malgré les coups qu'on t'assène, je te jure qu'on n'est pas trop de deux !

Elle a raison, Maman, avec ce que j'encaisse sans broncher depuis le début. De mes brimades d'enfant bâtard à la saloperie calomnieuse qui vient me fracasser aujourd'hui, il me faut au moins deux paires de bras pour m'empêcher de me buter. Ajoutes-y toutes les trahisons, les rumeurs, le mépris, les coups de poignard dans le dos dans l'intervalle. Et malgré ça, t'as vu comme je souris ! T'as vu comme je le fais bien, le grand dadais puéril qui fait tourner les serviettes !

Je vais réattaquer une saison de strass et de stress Sautiller malgré le dégoût qui me cloue. Dégoût d'une société qui part en vrille. Dégoût des rapaces médiatiques qui ne me pardonneront rien, y compris ce que je n'ai pas fait. Dégoût de certains de mes proches qui ne m'offrent que le minimum syndical. En RTT d'affection…

— Là, tu exagères, Patrick, me tance Maman. Je sais bien qu'il fait toujours beau dehors, et que ça te met en colère, mais quand même ! Il y a près de toi des gens qui t'aiment sincèrement…

— Sûrement, mais tellement moins que je les aime, moi. Ils ne me donneraient qu'un doigt quand je leur donnerais ma main.

— C'est peut-être ta faute.

— Peut-être.

— Tu as donc si peu d'indulgence ?

— Si, bien sûr… Mais j'ai des priorités. Ça, c'est pas très chrétien, mais c'est ainsi.

— Quelles priorités ?

— Ceux qui me lisent en ce moment et qui ressentent un dégoût identique au mien. Enfermés dans leur trop-plein d'amour. Idéalistes, naufragés dans ce monde de cinglés. Une foule d'anonymes que je croise au hasard de mes escapades de saltimbanque. En un seul regard, je sais que nous sommes frères d'absolu. Ceux-là refermeront ce livre en se sentant moins seuls. Je t'ai menti, Maman, je n'ai pas écrit ce livre seulement parce qu'il faisait beau dehors. Je l'ai écrit aussi pour eux. Juste pour ceux-là. Pour qu'ils me feuillettent comme si je leur parlais à l'oreille. Pour leur murmurer qu'il faut continuer à prêcher dans le désert malgré les oléoducs et les machines à sous. Parce que, même si l'air du temps veut nous faire croire que nous avons tort, c'est nous qui avons raison.

C'est pour ça que je m'acharne à rester dans l'avion. Pour continuer à le détourner. Pour persister à passer en fraude, dans chacune de mes apparitions publiques, ce message humaniste. Je ne suis pas clown par vocation. Mais c'est le seul moyen que j'ai trouvé de distiller cette parole-là au plus grand nombre. Entre deux pirouettes, deux outrances, deux grossièretés.

Les gardes-chiourmes ne se méfient même pas. Trop occupés à dénigrer ma coiffure, mes enthousiasmes excessifs ou ma naïveté.

Et puis tiens, pour que tu comprennes mieux, je vais te finir l'histoire du *Secret d'Amandine.* De toute façon, je n'aurai pas le temps d'écrire le roman.

Tu te souviens que Frank, condamné par la maladie, s'était déguisé en tata gâteau pour profiter de sa petite fille Léa, sans qu'elle le voie dépérir. Eh bien, au bout de l'histoire, il y a rémission. Une guérison miraculeuse. Mais Léa s'est infiniment attachée à Amandine. Et le dilemme est cruel : redevenir Frank, que Léa a presque oublié, ou rester à vie cette tata déguisée qui fait rêver ?

Comme dans mon scénario de fiction, j'ai décidé de rester Amandine. Cela va faire bientôt trente-cinq ans que j'ai enfilé mon déguisement de marchand de bonheur. Trente-cinq ans que je porte un masque. Trente-cinq ans que je tente de distribuer des rêves aux autres en oubliant les miens. Malgré la foudre qui a traversé la maison, je ne voulais pas être quelqu'un. Je voulais juste partager des moments d'absolu avec quelques-uns ou quelques-unes. Et puis, je suis tombé dans le piège. La tentation du plus grand nombre par le biais du plus petit des écrans.

Mille fois, j'ai eu envie d'arracher les artifices. De redevenir Frank. Anonyme. Posé. En famille seulement. Chaque fois, j'ai trouvé une raison de ne pas le faire. Un coup les bravos, un coup le confort, un coup Maman qui était si fière de mon succès. Mille fois.

Mais surtout, à chaque fois de ces mille, j'ai pensé à vous, les sincères, les authentiques, ceux d'en bas, d'où je viens, et dont je suis le porte-voix. Vous ne m'auriez jamais pardonné de couper le son.

Si tu me lis par hasard, tout ce que je viens de confier doit te sembler bien mégalomaniaque. Ça n'a aucune importance. Je sais que ceux à qui cela s'adresse sourient de plaisir au moment où toi tu hausses les épaules de dépit. Et c'est cela qui est vraiment important.

Je préciserai, pour finir, qu'aux mille raisons de continuer à être « Amandine le clown », je dois en ajouter une. Ça fait mille et une nuits. Les mille et une nuits de Léa… Pardon, de Lily. Dans ses rêves, Papa montre des jongleurs, des magiciens, des acrobates à la télévision. Papa chante *Le Petit Bonhomme en mousse.* Papa sautille, Papa danse. Papa ne va pas travailler, Papa va s'amuser. Papa va faire « igolo dans la télé ». C'est pas une faute d'orthographe. C'est comme ça qu'elle dit.

Tu peux dormir tranquille, ma Lily, Papa se battra jusqu'au bout pour faire « igolo dans la télé ». Du moins tant qu'on le lui permettra. Les faucheurs de rêves ont tant de relations et si peu d'états d'âme.

Et tant pis pour mes rêves de respectabilité.

On lira mon oraison funèbre avec une salsa en fond sonore.

Finalement, je préfère.

C'est chiant, un requiem… C'est beau, mais c'est chiant !

J'ai décidé, avant d'être enterré, de passer quand même par l'église. C'est ma volonté. Il y aura des guirlandes sur mon cercueil. C'est aussi ma volonté. Sur le couvercle, à hauteur de ma virilité, je veux que l'ébéniste sculpte une bosse, histoire de rester fidèle à mon personnage. C'est encore ma volonté. Mais non, chères punaises de sacristie, ça n'est pas choquant pour Dieu ! Dieu ne peut pas s'en offusquer puisqu'il n'a rien à voir avec les rites que les hommes ont institués en son nom.

Dieu n'a pas de forme, pas d'image.

Le vieux monsieur avec la barbe blanche, ce n'est pas Dieu, c'est le père Fouras.

Dieu, c'est l'énergie que nous dépensons chaque jour à faire le bien des autres.

Dieu n'habite pas au ciel. Si c'était le cas, il n'aurait pas supporté que des astronautes viennent lui casser les noix.

Dieu n'existe pas, mais il est partout.

Putain d'illusionniste ! Faudra que je pense à lui demander de venir au *Plus Grand Cabaret du monde.*

CONCLUSION

Pour être bien certain que Piaf est une protection plus qu'une malédiction, je me suis dit que je pourrais mettre un disque d'elle, enfoncer une balle dans un revolver et jouer à la roulette russe, comme Lulu du Paradise, en l'écoutant.

Mais je ne l'ai pas fait, bien entendu.

Si je l'avais fait, je l'aurais fait dans mon bureau, ce soir. Avec l'arme que je dissimule soigneusement au cas où on viendrait m'agresser, et dont personne de mon entourage ne connaît la cachette.

Mais je ne l'ai pas fait, bien entendu.

Si la culasse avait claqué dans le vide, ça aurait voulu dire qu'Édith me protégeait vraiment.

Mais je ne l'ai pas fait, bien entendu.

Remarque, si la balle m'avait fracassé la tête, tu ne m'aurais pas vu faire la promotion de ce bouquin.

Donc, je ne l'ai pas fait, bien entendu.

Et même en admettant que, à une chance sur six, la balle m'ait explosé, ça aurait peut-être été pour mon bien, tant je crois que je ne suis pas fait pour ce monde.

Mais je ne l'ai pas fait.

Bien entendu.

Quoi qu'il en soit, je n'ai pas peur de la mort.

Je pense que je la mérite.

Mais qu'elle ne se presse pas.

J'ai encore tant de choses à vous donner, tant d'éclats de rire, tant de chansons de fête, tant de bonheurs à vous faire partager. Bien sûr que les envies de couper le fil viennent me bousculer à chaque flèche qui me transperce, mais la tentation de vivre reste mon huitième péché capital. Et j'avoue n'avoir aucune volonté devant une perspective de plaisir nouveau.

À la fin de cette confession, sans doute ressens-tu un peu de tristesse, voire d'apitoiement pour moi. Il ne faut surtout pas. Je n'ai étalé mes doutes et mes coups du sort que dans le but de t'aider à supporter les tiens. Mes cicatrices, dans lesquelles – Maman a raison – je me vautre bien trop, sont les points de couture de mon costume de scène. Mes boutonnières en strass. La vie est un grand cirque. Alors, fais comme moi. Invente-toi un clone clown. Un autre toi de secours qui sourit, chante, danse. La vie ne vaut pas la peine… Elle vaut la joie.

Parce qu'il faisait beau dehors, j'ai écrit dedans. Il le fallait absolument. Visage pâle d'aspect et Indien d'âme. Le jeu de piste m'a mené à Dieu. Pas mal pour un été ordinaire. En me relisant, j'ai trouvé tout ce que j'avais promis : des maladresses, des outrances, des contradictions Je n'ai rien raturé. De toute façon, ce ne sont que des mots. Quelques lignes tracées sur les étiquettes du stock dans l'arrière-boutique.

La vitrine du magasin n'a jamais autant scintillé. Du *Plus Grand Cabaret du monde* aux *Années bonheur*, jamais le métier de marchand de joie ne m'aura apporté autant de plaisir. Mon *Kangourou* sautille de ville en ville. Mes chansons font tourner les serviettes dans toutes les fêtes de famille. Les soirées d'amis sincères autour des tables parfumées débordent de vraie tendresse. Hier, Lily nous a attrapés par le cou en riant, Nana et moi, et nous a lancé :

— Papa, Maman, Lily et doudou, c'est le bonheur !

Il faut aussi mériter sa vie. Et je crois que je la mérite.

Nous sommes tous doubles. Il faut accepter d'être ces deux-là. Mais celui qui rit ne doit jamais sortir en ville avec celui qui pleure. C'est la clé du bonheur. Le gai en compagnie, le triste à l'écritoire. Alors, si je peux me permettre un dernier conseil : applique-toi à sourire en société, mais, chaque fois que tu rentres, écris ! Tout ce qui te blesse, te torture, crache-le en encre. Sans style, sans histoire, qu'importe. Écris. Sans raturer. Écris. Même si personne ne te lit. Écris. Sans te mentir. Écris. La page blanche est le seul psy disponible à n'importe quelle heure du jour ou de la nuit.

Ma consultation est terminée.

Je vais bien.

Il est trois heures du matin. Je m'apprête à éteindre mon ordinateur. Le téléphone sonne.

— C'est Fabien Lecœuvre, je ne te dérange pas ?

— Non, j'écrivais les derniers mots de mon livre, le bouquet final.

— Peut-être pas !

— Comment ?

— Peut-être pas les derniers mots… J'ai découvert une « fleur » supplémentaire pour ton bouquet final.

— Ah bon !

— Gilles Margaritis, ça te dit quelque chose, évidemment ?

— Évidemment.

Gilles Margaritis. L'inventeur de *La Piste aux étoiles.* Ma féerie inaccessible.

J'avais dix ans, et dans notre petit appartement d'Argentat, aux premières notes de l'orchestre de Bernard Hilda, je me précipitais pour me coller à la cloison. Les voisins, un peu plus fortunés que nous, avaient la télé, eux. Dieu que j'en ai passé des mercredis soir à rêver à l'aveugle ! À imaginer les clowns, les magiciens, les acrobates qui virevoltaient dans le deux pièces cuisine d'à côté. J'écoutais du cirque ! Comment veux-tu que je ne préfère pas l'imaginaire au réel ?

Maman, bouleversée de me voir m'émerveiller d'une oreille, a finalement décidé de sacrifier l'indispensable pour le superflu. Et les lions, les dompteurs et les funambules ont franchi le palier. Comme je te l'ai déjà confié, la télé est entrée chez nous le 22 novembre 1963. Et cette *Piste aux étoiles* légendaire est devenue mon rêve absolu.

Le 26 décembre 1998, je suis allé habiter dans mon rêve. *Le Plus Grand Cabaret du monde* (peut-être le seul souvenir qu'on gardera de moi) est né sur la scène mythique du Moulin-Rouge. Pour un numéro seulement. Le succès ayant été au rendez-vous, je l'ai fait grandir depuis au studio de Bry-sur-Marne, dans lequel on a reconstruit à l'identique la scène du Moulin-Rouge.

Le dernier hasard… La dernière fleur.

— J'étais en train de fouiller dans les archives de la télé, me dit Fabien, lorsque je suis tombé sur quelque chose d'étonnant.

— Aussi étonnant que la présence de Piaf dans l'église de Gluges le jour de ma naissance ?

— Non, mais quand même ! En tout cas, ça s'est aussi passé le jour de ta naissance.

— Vas-y, raconte.

— Le 14 novembre 1953, Gilles Margaritis faisait une émission sur Toulouse-Lautrec en direct du Moulin-Rouge !

— C'est tout ? Franchement, il n'y a pas de quoi ajouter une fleur au bouquet.

— Laisse-moi finir… Ce jour-là, dans les coulisses, le patron de la RTF lui a fait signer le contrat de *La Piste aux étoiles*… Le vrai début de l'aventure… Tu te rends compte ? Le 14 novembre 1953, tu arrives au monde, Piaf est à Gluges et *La Piste aux étoiles* naît en même temps que toi sur ce qui sera la scène du *Plus Grand Cabaret du monde*, ton rêve absolu réalisé !

Une fleur de plus donc. Et me voilà reparti dans mon jardin d'enfant. Dehors, il fait beau, heureusement ! Je poursuis les papillons en criant :

— Moi aussi, quand je serai grand, je serai multicolore.

Maman m'appelle de la fenêtre :

— Rentre, mon petit, il va faire nuit.

Alors, je rentre…

Un poème dans la tête.

Le premier que j'ai écrit.

Et le soir, quand tombe la lumière, où va le soleil ? Où va le soleil ?

Et le soir quand tombe la lumière,

Est-ce que le soleil a une chambre dans la mer ?

Le matin quand revient la lumière, où vont les étoiles ? Où vont les étoiles ?

Le matin quand revient la lumière,

Est-ce que les étoiles vont dans les yeux de nos mères ?

Alors, un dernier mot.

Pour le papillon multicolore du début, qui me regardait écrire, posé sur la baie vitrée.

— Je t'aime, Maman… Et même si tu m'as accompagné pendant tout ce livre, il faut que je t'avoue que tu me manques énormément.

Elle ne répond pas. Elle s'est endormie sur l'épaule de Gabin, qui me fait un clin d'œil en chuchotant :

— Elle a d'beaux yeux, tu sais !

FIN

Composé par Nord Compo Multimédia
7, rue de Fives, 59650 Villeneuve-d'Ascq

Cet ouvrage a été imprimé par CPI Bussière
à Saint-Amand-Montrond (Cher)
en février 2011

N° d'édition : 482/07. — N° d'impression : 110582/4.
Dépôt légal : janvier 2011.

Imprimé en France